Geflügelte über uns

Alexandra Röhl

Geflügelte über uns

Der Vogel in Mythos und Geschichte,
in Natur- und Geisteswissenschaft

Verlag Freies Geistesleben

2. Auflage 1978

ISBN 3 7725 0652 6

Inhalt

Vorwort *7*

Einleitung *9*

Der Vogel in der physischen Welt *15*

Märchen und Mythen *20*

Vogelorakel und Seelenvogel *27*

Mysterien *37*

Der Adler *43*

Der Phönix *53*

Die Taube *61*

Das Rotkehlchen *69*

Seele und Geist bei Mensch und Vogel *85*

Vogellied – Menschengesang *97*

Vogel und Mensch heute *113*

Berichte und Stimmen
aus Wissenschaft und Dichtung

Höckerschwäne

Vorwort

Erlebnisse mit einem Rotkehlchen veranlaßten mich, der Frage nachzugehen, wie das Verhalten des Vogels, das mir oft geheimnisvoll und voller Rätsel erschien, erklärt werden könnte. Es bedrängte mich die Vorstellung, daß sich hinter diesem Wesen mehr verbirgt, als man im allgemeinen bei einem Waldvogel vermutet.
Ich begann auf meine Art und im Rahmen meiner Möglichkeiten Erkundungen anzustellen; anfangs mit sehr geringem Erfolg. Ornithologische Literatur stand mir nicht zur Verfügung. Ich suchte in den Odenwalddörfern vergeblich nach Rotkehlchen-Legenden. Mit Büchern von Konrad Lorenz und Gerhard Ruschke fand ich dann Zugang zur Vogelkunde und speziell zur heutigen Rotkehlchen-Forschung. Herrn Dr. Joachim Steinbacher vom Senckenberg-Institut, Frankfurt, möchte ich danken für viele Informationen und Herrn Gerhard Ruschke für großzügiges Überlassen kostbarer vergriffener Bücher.
All meinen Helfern sei gedankt, die dazu beitrugen, daß diese Arbeit entstehen konnte. Sie erhebt nicht den Anspruch, wissenschaftlich oder gar erschöpfend zu sein, sondern möchte nur eine Anregung geben, wie man, ausgehend von einem eigenen Erlebnis, Näheres erfahren kann über die Natur des Vogels, sein Leben, sein uns noch fremdes Dasein.
Wir können uns von unseren eigenen Fragen führen lassen. Sie werden immer weitere Kreise ziehen und uns in Gebiete bringen, die wir nicht voraussahen. Jeder Fragende wird seinen eigenen Weg gehen; der eine wird sich Systeme bilden, dem anderen werden sich Zusammenhänge in Bildern eröffnen. Gespräche, Naturerlebnisse und Lektüre werden zur Beantwortung beitragen. Jeder wird Entdeckungen machen, die seiner eigenen Art und Empfänglichkeit entsprechen. »Die Wahrheit fließt ewig durch die Menschenseelen – aber sie nimmt auch die verschiedensten Formen an« (Rudolf Steiner).

Lyonel Feininger: Vogelwolke (1928) 8

Einleitung

Das Gefühl des Menschen, auf einem Stückchen Erde oder in einem Lande zu leben, hat sich weitgehend in das Bewußtsein verwandelt: Die ganze Erdkugel steht mir zur Verfügung, mein ist die Welt! Von Pol zu Pol ist alles leicht erreichbar.

Ganz abgesehen von dem Griff des Menschen in die Stratosphäre, in den kosmischen Raum: nicht nur die ganze Erdoberfläche, sondern auch den Luftraum, die mit der Erde sich bewegende Lufthülle, zieht der Mensch in seine Dienste.

Welch ungeheure, kaum faßbare Tatsache ist es, daß seit Jahrmillionen unser Planet in der Sonnenwelt kreist, umgeben von der widerstandsschwachen, druckempfindlichen Materie »Luft«, die, von Stürmen und Wirbeln durchtobt, kosmischen Einflüssen ausgesetzt, doch nie Stellen aufweist, an denen dieses weiche Element beschädigt würde! Welch eine Weisheit bewahrt uns seit Äonen vor dieser Möglichkeit? Wir würden dankbarer atmen jeden Tag, wenn wir einsähen, daß das Geschenk der lebensspendenden Region um die Erde gar nicht so selbstverständlich ist. Aber der Mensch hält es für sein Recht, über alles Erreichbare zu verfügen. Er behandelt nicht nur die Erdoberfläche als sein Eigentum, indem er sie verändert, rigoros in Natur- und Lebenszusammenhänge eingreift, sondern seit Jahrzehnten hat er auch den Raum in seinen Dienst gezwungen, der allein den Vögeln vorbehalten war: den erdumschließenden Luftmantel.

Selten kommt es dem Menschen in den Sinn, daß er das Land der Erde mit anderen lebenden Wesen teilt, die er wie Genossen in einer gemeinsamen Wohnung zu berücksichtigen hätte; noch weniger denkt er daran, daß er, in das Element der Vögel vordringend, sich in die Sphäre von Wesen begibt, die nach alter Geistschau Mittler waren zwischen Göttern und Menschen, zwischen Geistesreich und Erdenwelt.

Unzählige Überlieferungen geben uns Kunde darüber, wie Götter und Engelwesen Vogelgestalt annehmen. In allen Kulturen, von den frühesten bis herauf ins Christentum, finden wir Zeugnisse, daß der Vogel »in hohem Ansehen« des Menschen stand. So drückt es Jacob Grimm aus, und bei ihm erfahren wir aus den »Creuznacher Weisthümern« (des frühen Mittelalters nach der Christianisierung) ein Gesetz: »Wer eine Schwanzmeise fängt, ist um Leib und Gut in unseres Herrn Ungnad«. Grimm setzt hinzu: »Offenbar achtet man den Vogel als heilig und unverletzlich.«

Das gesetzliche Verbot beweist jedoch, daß man den Vogelfang kannte und auch ausübte. Heißt es ja schon in den Götterliedern der alten Edda, daß Konur den Vögeln nachstellte: »Da sang vom einsamen Ast die Krähe: Was willst du, Fürstensohn, Vögel beizen? Dir ziemte besser, Hengste reiten und Heere fällen.«

Der menschlichen Fanglust wurde Einhalt geboten durch das Heilighalten besonders der weissagenden Vögel, und bis ins 10. Jahrhundert ist dieses Geschütztsein des Vogels vor dem Zugriff des Menschen dokumentiert. Radikal anders aber wurde die Situation durch die passionierte Vogelstellerei eines deutschen Herrschers. »Herr Heinrich saß am Vogelherd recht froh und wohlgemut«. König Heinrich I. (919–936) frönte dieser Leidenschaft in solchem Maße, daß ihm die Geschichte den Beinamen »Der Vogler« verlieh. Er legitimierte damit den Vogelfang ohne Schonung in seinen Ländern Sachsen, Lothringen und Böhmen[1].

Zwar versuchte seine Gemahlin Mathildis, die Sünden des Königs an den Vögeln wieder gutzumachen, aber der Zug zur Ausnutzung des Vogelgeschlechtes war in ganz Europa nicht mehr aufzuhalten.

Er steigerte sich bis in unsere Gegenwart, in der man den Vogel fast ausschließlich nach seinem Nutzen beurteilt, ihn gebraucht und verbraucht. Man ißt seine Eier und sein Fleisch. Man verwertet Federn, Knochen und Exkremente, also alles, was mit dem Körper des Vogels zusammenhängt. Sympathischer ist das Verhältnis, wo sich der Mensch die natürlichen Fähigkeiten des Vogels zunutze macht. Der Forstmann braucht ihn als Insektenvertilger, und neuerdings wird der Singvogel als Psychotherapeut benutzt: Kurbäder vermehren den Bestand der guten Sänger mit hohem Aufwand, um die seelisch gestörten Menschen wieder ins Gleichgewicht, zu Schlaf und Heilung zu bringen.

Bedenklicher wiederum erscheint die Stubenvogelzucht, die mit hohen Ziffern des Handels im Gange ist. Sie nimmt dem Vogel die natürliche Freiheit. Andererseits schafft sie schöne Kontakte zwischen ihm und dem Menschen. Im allgemeinen wird der Käfigvogel nicht als Haustier betrachtet, aber ist nicht im patriarchalischen Verhältnis von Mensch und Tier das Wesen des Haustieres zu suchen? Weiter geht die franziskanische Liebe zum Bruder Tier. Sie bestätigt sich vor dem *freien* Tier, dem freifliegenden Vogel, und in ihr wird sich das zukünftige Verhalten des Menschen zur Kreatur realisieren müssen. Aber wie weit sind wir noch davon entfernt! Voller Schmerz und Empörung erheben sich die Stimmen der Einsichtigen vor der Verantwortungslosigkeit, mit der man die hilflose Kreatur mißbraucht: Julie Schlosser zeichnet eindringlich in ihrem Buch »Das Tier im Machtbereich des Menschen« die Situation des Tieres in der heutigen auf Gewinn gerichteten Verbrauchergesellschaft. Francis Jammes versucht in seinem »Hasenroman« dem Gefühl des Menschen nahezubringen, wie schwer, erregend und gefahrvoll ein Hasenleben in Jagdrevieren ist. Und sind nicht alle Landschaften in Jagdreviere aufgeteilt?

Albert Schweitzer hat seine Meinung unmißverständlich kundgetan in seinem Buch »Ehrfurcht vor dem Leben«, ebenso wie Bernhard Shaw über die Vivisektion äußerte: »Wenn ihr eine Erkenntnis nur durch die

1 Der Ausdruck »vogelfrei« besagt, daß jemand ungehindert gejagt werden darf wie der Vogel.

Vivisektion zu erreichen vermögt, dann müßt ihr auf diese Erkenntnis verzichten!«

Am schönsten und umfassendsten hat wohl Christian Morgenstern ausgedrückt, wofür viele seiner Gesinnungsgenossen sich einsetzen: »Ganze Weltalter voll Liebe werden notwendig sein, um den Tieren ihre Dienste und Verdienste an uns zu vergelten.«

Besonders sind es die Vögel, die durch ihre Begabungen unsere Aufmerksamkeit und Zuneigung erwecken könnten. Doch seien wir ehrlich vor uns selbst: Wer in unserem schnellebigen Alltag kümmert sich um die gefiederten Flieger, mit denen wir im selben Garten »Erde« leben, in derselben »Volière«, die sich als Lufthülle mit unserer Erde dreht?

Man füttert sie im Winter und hört sie gelegentlich »zwitschern«. Das ist der indifferente Ausdruck der Kaum-Interessierten, die Stimmen, Ruf, Lockton und die einzelnen Lieder der Vögel gar nicht wahrnehmen, geschweige unterscheiden können. Auch wenn wir praktisch für Vögel und »Geflügel« zu sorgen haben: der Anstoß, uns wirklich innerlich mit dem Vogel zu beschäftigen, entsteht wohl erst, wenn wir schicksalhaft in einer Begegnung mit dem Himmelsgaste stehen, wenn Erstaunen und Bewunderung vor seiner Überlegenheit uns trifft oder sein Blick unsere Seele berührt. Damit aber hat sich das erste Tor schon aufgetan! Besonders wenn der Sänger seine Stimme erhebt, fühlen wir, daß auch die genaueste Kenntnis seines Körpers und seiner Lebensgewohnheiten nicht die Frage beantworten kann: Wer bist du, seltsames Wesen?

Die Geschichte und damit auch die Märchen und Mythen von Mensch und Vogel bringen uns Bereichen nahe, die die empirische Wissenschaft nicht berührt; Rätsel, die von den Ornithologen als noch nicht gelöst bezeichnet wurden, sind aus geisteswissenschaftlicher Sicht zu erhellen. Rudolf Steiner hat durch die Darstellung bestimmter geistiger, das heißt über das Physisch-Psychische hinausgehender Realitäten die Methode aufgezeigt, mit der Phänomene wie Vogelflug, Schwarm- und Herdengruppen oder das Musikalische im Vogelgesang verstanden werden können. Er macht uns mit Tatsachen auf verschiedenen Erkenntnisebenen bekannt. Nur diese »Systemganzheit aller Erkenntnisleistungen« (K. Lorenz) zusammen kann als Synthese zur vollen Wahrnehmung eines Wesens führen.

So möchten wir uns bemühen um den Vogel in der physischen Welt heute, in der Anschauung früherer Epochen und in geisteswissenschaftlicher Darstellung. Diese Gebiete, die sich nicht voneinander trennen lassen, können zu einer erweiterten Wahrnehmung des Vogels beitragen. Nach Meinung von Konrad Lorenz wird der Mensch aber »um so tiefer und nachhaltiger von der lebendigen Wirklichkeit der Natur bewegt werden, je mehr er über sie weiß.« Aus dem Munde des Wissenschaftlers scheint uns dieses Wort ein besonderes Gewicht zu haben. Es bedeutet: Die erstaunlichen Tatsachen, die der Mensch über die lebendige Wirklichkeit der Natur erfährt, werden ihn so stark berühren, sein Gefühl, seine Seele so beeindrucken, daß er sein Verhalten gegenüber seinen lebenden irdischen Genossen, gegenüber der ganzen Natur entsprechend gestalten wird.

BERNARDUS SILVESTRIS

Reich der Vögel

Die Gefilde der Luft durchtanzen im Spiele die Vögel,
Aber ein guter Teil blieb auch noch dem Wasser getreu,
So die voranfliegt dem steigenden Meer bei den Mondengezeiten,
Die dann dem weichenden folgt: schimmernde Möwe der See.
Rohrdommel mit gesträubtem Gefieder, langschenklig der Reiher,
Taucher von Fischen sich nährt, Enten sind weniger kühn.
Und der Schwan, der, allein die Krisis des Lebens erahnend,
Leichenfeiern verschmäht, selbst sich sein Sterbelied singt.
Alles Vogelgeschlecht erhebet sich unter dem Himmel,
Bis auf den Phönix allein, der aus sich selbst sich erneut.
König der Vögel, der Adler, ihm ward jener Knabe zur Beute.
Bacchischer Gabe Schenk, schenkt sich selbst nächstens dem Zeus.
Edelfalke und Sperber führen ein raublustig Leben,
Auf das geflügelte Volk haben sie's stets abgeseh'n.
Einer Spitzmütze Form beschreibet im Fluge der Kranich,
Wenn von des Strymons Gestad weit in die Ferne er zieht.
Junos Vogel, den Pfau, schuf künstlerisch spielend Natura,
Reiher und Tauben auch reich an des Federkleids Schmuck.
Nachtigall, die den Lenz ob seiner Nöte beklaget,
Mit ihrem Schwesterlein, dem Blut hat gerötet die Brust.
Beide Hähne, des Hauses Hahn als auch jener Fremdling,
Der nach Medeas Land, Phasis, den Namen erhielt.
Turteltaube in treuer Liebe und Kurzschwanz: die Wachtel,
Krammetsvogel schmeckt gut, bildend das Zwischengericht.
Rebhuhn, dem nützlicher wäre zu leben als klüger zu werden –
Lerche, die fröhlich begrüßet lobend den wachsenden Tag.
Streitsüchtig ist der Sperling. Jahrhundertealt wird die Krähe,
Elster, die schwarz und weiß an ihren Seiten sich färbt.
Geier, gefräßig, entartet, in Waffen starrend die Weihe –
Wüsten bewohnet der Strauß, liebend verlassenen Ort.
Süß sang ein Sänger zu Atalantes zärtlicher Liebe,
Schwatzend mit unserem Mund redete der Papagei.
Der sein Nest mit der Brut, das im Laube versteckt er zurückließ,
Ganz zu vergessen vermag, Delphischer Vogel: der Rab'.
Eisvogel am Gestade, der Specht, der Wächter des Haines:
Und sodann auch die Gans, die weite Seen so liebt.
Uhu, den das liebliche Licht der Sonne erblindet,
Eule mit klagendem Ruf letztes Geleite uns singt.
All diese Formen durchlief die gefiederte Art, und so ward nach
Körper, Geist und dem Ort alles Geflügel geteilt.

Aus »Über die allumfassende Einheit der Welt« (um 1150), übersetzt von Wilhelm Rath. 2. Auflage, Stuttgart 1972

Kraniche

Dorngrasmücke 14

Der Vogel in der physischen Welt

Schon 1923, also in einer Zeit, in der nach einem Ausspruch des großen Ornithologen Erwin Stresemann sein Fach noch eine Sache der Liebhaber war, fordert Rudolf Steiner seine Hörer auf, jedes lebende Wesen in seinem Lebenselement zu beobachten: den Fisch im Wasser, den Vogel in der Luft usw. Es wurde hier in gewisser Weise die Uexküllsche Umwelttheorie vorweggenommen, die in der heutigen Ornithologie, vor allem in der Verhaltensforschung, besondere Bedeutung erlangte. Die Lebewesen in unserer physischen Welt werden in ihrem Wohnbereich als zugehörig zu der großen Gemeinschaft wahrgenommen, in der sie leben mit allen Feinden und allen Organismen, die ihnen zur Existenz im Gleichgewicht der natürlichen Landschaft dienen.

Seit Oskar Heinroth, der schon als Vierjähriger die einzelnen Stimmen der Hennen auf dem elterlichen Hof unterscheiden konnte und später »die feineren Lebensgewohnheiten, die Sitten und Gebräuche« der Vögel studierte, seit Konrad Lorenz, der die freilebenden Vögel beobachtete und zu dem Schluß kam: »Wir müssen dem Tier in den meisten Fällen weit verschiedenartigere Gefühle und Affekte zuschreiben, als wir von Menschen kennen« – seither ist eine neue Ära des Erkennens angebrochen.

Über die erstaunlichen Tatsachen des Vogellebens in der physischen Welt ist viel geschrieben worden[1]. Lassen wir uns jedoch durch eigene Beobachtung, vielleicht durch ein Erlebnis, das uns überraschte, das wir uns nicht erklären können, zu Fragen anregen! Versuchen wir uns zu orientieren: Wie macht der Vogel das, was uns in Erstaunen versetzt? Einige Beispiele mögen die Art dieser Beobachtung verdeutlichen.

1 Vogelforscher wie F. Naumann und Brehm gehörten beide noch dem vergangenen Jahrhundert an. Erwin Stresemann stellt fest, daß sich die Vogelkunde erst um das Jahr 1925 zu einer selbständigen Wissenschaft entwickelte. Die Befunde der Experimente und Beobachtungen füllen heute Bibliotheken.

Da schießt ein Kohlmeisenmännchen nicht weit von einer Hauswand acht bis zehn Meter senkrecht in die Höhe. Obwohl wir wissen, daß seine Röhrenknochen mit Luft gefüllt sind, daß er seine Luftsäcke (die Zwischenräume seiner inneren Häute) füllen kann, frappiert doch solch ein Flug, der nicht in Spiralen geht wie bei der Lerche. Das Temperament der Meise, ihre vehemente Zielstrebigkeit befähigen sie erst, den Apparat ihrer Luftorgane zu solchen Leistungen zu steigern, hinter denen wohl die »Freude am Gelingen« steht.

Einen anderen Luftsportler sehen wir frontal auf uns zukommen, ohne jede technische Schwierigkeit, aber in seinem Gesamtausdruck liegt die bei einem Vogel recht komisch wirkende letzte Konzentration eines Champions. Er sieht das anscheinend nicht erwartete gute Futter, setzt sich daneben und stößt ein paar klingend helle Signale aus seiner winzigen Kehle, so laut, daß sie dem menschlichen Ohr fast wehtun. Von weither kommt die Antwort: »Zizipee«. Fünfmal gehen Ruf und Antwort hin und her, bis die Angelockte erscheint zu gutem Mahle.

Auf tauendem Frühjahrsschnee tummelt sich ein Finkenpaar. Das Weibchen unter Sträuchern pickend, der Mann auf blanker Sonnenfläche des Schnees fast wie im Hochzeitsfrack tänzelnd, die Füßchen auf kaltem Plan, das Federkleid des Rückens schon in heißer Sonnenpracht. Unablässig knickst er hier- und dorthin mit wehenden Schößchen. Rhythmen, die diesem Vogel im Blut spielen, verwandeln sich und bringen ihn da und dort zur Positur, zur großen Geste. Im Laufen tanzt er, plötzlich pfeilt er in die Höhe, hüpft senkrecht meterhoch, immer wieder. Warum? Die ersten Mücken spielen über dem Schnee. Der Vogel schnappt so blitzschnell nach ihnen, daß dem Auge des Beschauers die Ursache der Luftsprünge entgangen ist.

An einem Sommerabend eben nach Sonnenuntergang steigt eine Lerche aus dem schon ganz dunklen Kleefeld – eine Lerche in der Dunkelheit? Unablässig steigt sie. Da: sie hat erreicht, daß ein Lichtstrahl der für den Menschen auf der Erde nicht mehr sichtbaren Sonne sie trifft. Ein Jubelschrei verkündet ihr Glück über das Gelingen des absonderlichen Fluges: sie sieht noch einmal die Sonne! und alsbald läßt sie sich in die Dunkelheit zurückfallen, landet am Punkt ihres Aufstiegs und rührt sich nicht mehr.

Wenn wir von solchen Erlebnissen angerührt wurden, stellen wir die Frage: Was veranlaßt den Vogel, was befähigt ihn? und wir füllen das Bild, das sich in unsere Seele prägte, mit allem, was wir an konkretem Wissen erreichen können. Die Flugkünstler in der licht- und wärmedurchwirkten Luft weisen uns nicht nur auf die Eignungen ihres Körpers, sich tragen zu lassen, luftgefüllt wie ein Ballon mit leichtestem »Gepäck«, das Wundergebilde ihrer Federn als Segel und Steuer benutzend, sondern während einer uns beeindruckenden Situation offenbart sich auch alles andere, was zu den Wesenszügen des Vogels gehört: die Fähigkeit seiner Erregung, seiner Leidenschaftlichkeit, die mit der hohen Blutwärme und der Schnelligkeit seines Herzschlages zusammenhängt, seine Beweglichkeit, die Schärfe seiner Sehkraft, das feine Gehör, die Freude am Spiel, die Abhängigkeit vom Sonnenlicht, ja seine oft erkennbar werdende Liebe zu ihm.

Er beschenkt seine ganze Umgebung mit seiner Seelensubstanz, und diese äußert sich vornehmlich in seinem Gesang[2].

Was aber der Vogel aus seiner Tonbegabung macht, das kann nur ein unmittelbares Hören verdeutlichen. Auch sein Ausdruckspiel, das, ähnlich wie bei einem Antlitz, über den ganzen gefiederten Körper gebreitet ist, und seine Sensibilität muß man selber erfahren. Er kann sich dem Menschen sehr gut verständlich machen, und oft ist aus seinen Reaktionen zu merken, daß er den Menschen viel schneller »verstand« als dieser ihn.

2 Siehe Kapitel »Seele und Geist bei Mensch und Vogel«.

Kurzschnabel-gänse

Die behende Lebendigkeit pulsiert in den leichten Bewegungen des lufterfüllten Körpers genauso wie in Gesang, Schrei, Pfiff, deren Tonschwingungen ja auch zum Element der Luft gehören, in Liedern wie in kleinem Geschwätz, im Krächzen wie in den temperamentvollen »Schlachtgesängen« der Revierverteidigung. Doch auch die Flügel des Vogels vermitteln uns Geräusche. Das Hochburren der aufgeschreckten Wildente ist genau zu unterscheiden von dem des Rebhuhns, oder das Abstreichen eines Hänflingschwarmes von dem hohen Ton des Wildtaubenfluges. Haben wir aber das Glück, einen ziehenden Vogelverband von wilden Gänsen oder Schwänen nicht weit von uns zu vernehmen, so reißt uns das Tönen der bewegten Luft, das Brausen wie von Orgelklängen in ein gewaltiges Erlebnis, das uns nicht nur das physikalische Moment des Tones, sondern die ungeheure Intensität der schwingenden Vogelseele vermittelt.

Mit zunehmender Bewußtheit beginnt man heute auf dem Felde des vielberedeten und noch lange nicht genügend wirksamen Umweltschutzes zu arbeiten, der sich auch des Lebensraumes der Vögel annimmt: »Noch füllt das Vogelgeschlecht den Luftraum unseres Planeten.« In dem »noch« dieses Satzes von Karl König birgt sich die bange Frage: Wie lange noch? Rapide verändert die Technik Luft- und Erdenraum. Landschaften, die früher noch mit Wald, Mooren, Wiesen den Tieren und Pflanzen gesunde Existenz spendeten, wurden in Betonstädte und Industriezentren verwandelt. Anträge zur Tierschutzgesetzgebung wurden lange Jahre hindurch verschleppt. Noch immer fallen Millionen von Vögeln dem Vogelfang zum Opfer. Wir hoffen, daß es den vielen Freunden des Vogels gelingt, ihn vor der Ausrottung durch Netze, Gift und Abgase, durch Abschuß und Flugzeuge zu schützen. Die Ornithologie sieht sich vor die großen Aufgaben gestellt, darauf hinzuwirken, daß die Lieder in den Lüften nicht verstummen, daß die gefährdeten Gattungen nicht aussterben. Die Forschung wird vorangetrieben, um in unserer schnellebigen Zeit den Schutz der Vögel zu ermöglichen.

Wie die wissenschaftliche Forschung arbeitet, welchen Prinzipien sie sich unterstellt, ist aus Erwin Stresemanns Darstellung[3] ersichtlich: Er, der Initiator und Hüter dieser jungen, erst seit fünf Jahrzehnten regulär arbeitenden Wissenschaft, unterscheidet in der Geschichte der Ornithologie genau, wer von den früheren Vogelkundlern dem wissenschaftlichen Prinzip, das er befürwortet, fördernd war und wer nicht. Er feiert Aristoteles als Begründer der europäischen Wissenschaft. Aristoteles machte Untersuchungen am sichtbaren Organismus, an der Ausbildung der Speiseröhre, des Magens, an der Entwicklung des Hühnchens im Ei, er lehrte, nach Ursache und Wirkung, Sinn und Zweck in der Betrachtung des lebendigen Wesens zu fragen.

Alle Wissenschaftszweige eigneten sich seither diese Methoden zur Erforschung der für die menschlichen Sinne wahrnehmbaren Materie an. Und so wurden sie durch Stresemann auch für die Ornithologie bestimmend. Doch er verschweigt die Dokumente, durch die offenbar wird, wie stark Aristoteles noch in der Tradition des Mythos stand: »Je mehr ich Einzelgänger und Einsiedler geworden bin, desto mehr liebe ich den Mythos.« »Alles, was von Natur ist, trägt etwas Göttliches in sich.« »Gott ist Geist oder noch etwas Höheres als Geist.« »Notwendiger als diese (Metaphysik) mögen alle andern (Wissenschaften) sein, besser ist keine.«[4]

Wo Stresemann mythischen oder transzendenten Vorstellungen in der Geschichte seiner Wissenschaft begegnet, lehnt er sie schroff ab, ja, er stempelt solche

3 Erwin Stresemann, »Entwicklung der Ornithologie von Aristoteles bis in die Gegenwart.«

4 Nach Walter Kranz, »Griechische Philosophie«, S. 212 ff.

Naturkundler und Philosophen als Hindernis der wissenschaftlichen Entwicklung. Seine Ablehnung der Platonischen Ideenlehre, seine Haltung gegenüber dem alten Tierbuch »Physiologus«, gegenüber Origenes, schließlich gegenüber Schelling und Oken zeigt, daß die heutige Ornithologie jeder Beschäftigung mit Mythischem oder Metaphysischem abhold ist. Es besteht kein Zusammenhang zwischen den als »fromme Dichtung« angesehenen »phantastischen Erzählungen« und exakt forschender Wissenschaft.

Nun ist aber allen von Stresemann explizierten Entwicklungen zum Trotz etwas Besonderes eingetreten: wie unter dem Lächeln der Moiren gesellte das Schicksal den großen Ornithologen zwei Männer zu, von denen das Wort Exupérys gilt: »Man sieht nur mit dem Herzen gut!« Konrad Lorenz prägte den Ausdruck von den dunklen Märchenaugen des Rotkehlchens und bekannte sich in seinem Buch »Gestaltwahrnehmung als Quelle wissenschaftlicher Erkenntnis« zu der Tatsache der Intuition, die eine Erscheinung der außersinnlichen Welt ist. David Lack leitete sein wissenschaftliches Buch mit der Widmung an die Rotkehlchen ein, die geduldig seine Ringe trugen und ihm erlaubten, in die Intimitäten ihres Familienlebens einzudringen. Er, der große Verhaltensforscher, schrieb das umfangreiche Buch »Robin Redbreast« – fast wie eine Abbitte an sie, als eine Sammlung aller Mythen und Legenden, aller Liebesäußerungen des englischen Volkes für das Vöglein, das seinem Herzen am nächsten steht seit eh und je. Vertretern der strengen Wissenschaft, die wie diese beiden Forscher ihr Herz bewahrten, dürfen wir uns anvertrauen, wenn wir den Fragenpfad in das komplizierte Reich der Vögel weitergehen wollen.

Märchen und Mythen

»Das Staunen ist es, durch welches die Menschen wie ursprünglich so noch jetzt zum Philosophieren kommen ... Wer aber fragt und sich verwundert, hat das Gefühl des Nichtwissens – weshalb auch der Freund des Mythos in gewisser Weise ein Philosoph ist, denn der Mythos besteht aus dem Stoff des Wunderbaren ... Man muß gerade solcher Wissenschaft den höchsten Rang zumessen. Denn die göttlichste ist auch zugleich die höchste.«

ARISTOTELES

So wollen wir uns zu der Frage ermutigen lassen, ob wir durch Mythen etwas vom Wesen des Vogels erfahren, was uns die experimentelle Ornithologie zusammen mit der Verhaltensforschung nicht vermitteln kann. Mythos, μυϑος, heißt vornehmlich »Wort«, »Rede«, bezeichnet aber ursprünglich nicht so sehr das Wort, das Gedanken ausdrückt, sondern tatsächliche Begebenheiten, Nachricht, Erzählung von Geschehnissen, die Menschen wirklich erlebten. Der Mensch der Antike nahm die geistigen Wesen noch wahr, von denen der Mythos Kunde gab. Die Götter sind keine Erfindung menschlicher Phantasie, sondern reale Erfahrung – nur war der Mensch, der diese Erfahrungen und Erlebnisse mit den Göttern hatte, von anderer Konstitution als der des 20. Jahrhunderts. Besonders der Zivilisationsmensch der westlichen Hemisphäre verlor die Fähigkeit geistiger Wahrnehmung während einer Bewußtseinsentwicklung, die in der Antike begann und zur Naturwissenschaft der Neuzeit führte. Es läßt sich heute die Bewußtseinsstufe nicht mehr ohne weiteres erreichen, in der sich der andere Seinsbereich öffnet.

Dennoch ist bis in unsere materialistisch orientierte Epoche hinein immer eine höhere Anschauung des Mythos bewahrt worden. Jacob Grimm, Walter F. Otto, Karl Kerényi, um nur einige Namen zu nennen, haben den Mythos als Ausdruck einer metaphysischen Begründung des Menschen verstanden. »Der echte Mythos entspringt keinem Traum der Seele, sondern dem klaren Schauen des geistigen Auges« (Goethe), und wir haben es in Märchen und Mythen nicht mit Allegorien, sondern mit »realen Vorgängen in Bildern«, mit »Tatsachen« zu tun (Rudolf Steiner); diese Aussagen werden für uns von grundlegender Wichtigkeit sein.

Der Mensch, der die ganz frühe Mythe erlebte und formte, sowie die an der mythischen Handlung teilhabenden Tiere und Vögel mögen äußerlich wenig Ähnlichkeit mit deren heutigen Erscheinungsbild gehabt haben. Der Mensch stand noch als zartes ätherisches Gebilde in Verbindung mit seinen geistigen Ursprungskräften und fand in bestimmten Landschaften der Erde geschützten Platz, während in anderen Urwelttiere hausten, mit denen er wohl nicht gemeinsam hätte leben können. Bei Begegnungen mit diesen Söhnen des Chaos und der Unterwelt haben wohl die ersten Kämpfe mit dem »Drachen«stattgefunden. Heute noch können wir uns in der Betrachtung fossiler Skelette einen Begriff von der Ungeheuerlichkeit der Saurier machen. Es ist nicht schwer, die Vorstellung eines Drachen aus dem Riesen-Saurier abzuleiten. Fast unmöglich aber scheint uns die Annahme, daß der schwere, unförmige Bewohner des Urwald-Sumpfes ein Verwandter des Vogelgeschlechtes sein soll. Doch die Funde, die Informationen über die beiden großen Sauriergruppen Saurischia und Ornithischia liefern, erbringen Zeugnisse dafür, daß die Saurier sowohl Merkmale des Kriechtieres als auch des Vogels besaßen. Eine Saurierart hat ein Becken, »das einem Vogelbecken völlig analog gebaut ist.«[1] Bei den meisten dieser Tiere waren die Röhrenknochen nicht mit Knochenmark gefüllt; obwohl das Körpervolumen und nur kurze Vordergliedmaßen keinen Flug gestatteten, hatten die riesenhaften Körper ein »pneumatisiertes Skelett, wie es heutigen Tages nur die Vögel besitzen«. Was wurde hier in der Entwicklung vorbereitet? Hermann Poppelbaum schildert den höchst dramatischen Prozeß, wie sich in dieser Epoche die ersten Vögel (Archaeopteryx) loslösen, um sich dem Luftreich einzufügen, wie sich die Kriechtiere (Krokodile, Schildkröten, Schlangen usw.) nach »unten« abspalten, wie der Widerstreit der Kräfte, in dem sich die Polarität Vogel – Reptil äußert, auch in die Entwicklung des Menschen eingreift: nur mit dem Unterschied, daß das, was sich

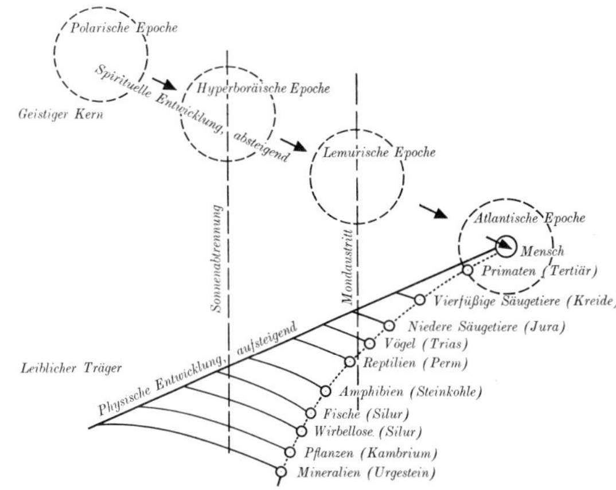

nach Poppelbaum, Mensch und Tier

beim Tier äußerlich zeigt, beim Menschen zur Bildung innerer Organe beiträgt. Es bilden sich polar zueinander die Organe der Erkenntnis und des Stoffwechsels. Die Mächte der oberen und unteren Welt betreten den Wirkensplan. Anstelle der geistigen Urbilder, die den Menschen bisher umgaben, entstehen Gedankengestalten, durch die er seine Selbständigkeit gewinnt. Aber die paradiesische Durchlässigkeit geht ihm verloren. Es beginnt der Kampf der geistigen Wesenheiten um den Menschen, und in diesem Kampf der Götter um den Menschen spielt die Erscheinung des Vogels eine große Rolle.

Der Mensch gewahrte noch mit einem Vermögen der Hellsichtigkeit das Vogelwesen neben den Göttern, er verstand noch die Botschaften, die die Vögel brachten, und er kannte die Missionen, die sie von weither zu erfüllen hatten. Aus diesem Zustand des Hellsehens bewahrte und überlieferte der Mensch die Berichte, die wir heute als Mythe bezeichnen.

Sein Verhältnis zu den Tieren können wir uns nur schwer vorstellen. Er sah das Tier mit seinen angeborenen Fähigkeiten, seiner Geschicklichkeit: die Wespe

1 Hermann Poppelbaum, »Tier-Wesenskunde«, S. 32.

Chefren
mit dem Horusfalken

machte Papier, die Schwalben mauerten, Biber bauten Deiche. Der Mensch erkannte im Tier das Urwissen des andern Wesens, das sich ihm offenbarte, mit dem er eine Verbindung herstellen konnte durch die Macht der alten Hellsichtigkeit. Das Wechseln der Körper zwischen Mensch, Tier und Gott hing wohl zusammen mit dem Zustand der noch nicht vollzogenen Erdenfestigkeit. Götter offenbarten sich im Tier, und so war es für den Menschen ehrfurchterweckend, weisheitsvoll und magischer Kräfte teilhaftig.

Vom altägyptischen Tierkultus wird berichtet, daß der Sphärenharmonie Chöre und Tempelmusik antworteten. Metalle, Steine, Pflanzen und Tiere stellten sich dar als Widerschein des Himmels. Der Kreis der himmlischen Tiere wurde auf das Sonnenland Ägypten übertragen, dessen Gaue den Revieren des Himmels entsprachen. Das Ganze war ein Haus der heiligen Tiere, das vom Himmelsgewölbe überdacht wurde. Jeder Gau hatte sein heiliges, in einem Tempel von Menschen gepflegtes Tier. »Auch in das Privatleben trat der Tierdienst, und jedes Haus pflegte seinen heiligen Vogel, der im Tode mit der Familie beigesetzt wurde... Nach dem Grade der Heiligkeit wurden auch die für vorzüglich heilig gehaltenen Tiere kostbarer bestattet als die andern. So der Ibis und Falke am kostbarsten.«[2] Im alten Indien mußte derjenige sterben, der eine Kuh oder einen Stier tötete. Auch in Attika gab Buzyges die Satzung: Wer einen Stier tötet, soll sterben. Deshalb feierte man in Athen die Sühnefeste für das Schlachten von Ochsen. Wo immer dem Tier Schonung und Verehrung zuteil wurde, sind die Voraussetzungen dazu in der Mythe zu finden. Denken wir an die heiligen (weißen) Pferde der Nordländer, an Pegasus in Griechenland, den Stier der Europa, denken wir an die Robbe im hohen Norden, an den Delphin der südlichen Meere, an Schlangenkulte und die Verehrung der Biene. In unserer christlichen Welt leben noch heute Lamm, Fisch, Taube als Symbol. Leider reicht die Wirklichkeit unserer sakramentalen Welt nicht bis hin zum realen, lebendigen Tier, das man nicht schont wie in den Zeiten alter Heilighaltung. Damals aber, als noch Priester die heiligen Tiere pflegten, hätte niemand gewagt, den Gott zu erzürnen durch Mißhandlung seines geliebten Tieres. Alle heiligen Geschöpfe standen in der Hut und in hohem Ansehen des Menschen.

Doch eines hatte den Vorzug, nahm einen Sonderrang ein unter der lebendigen Kreatur: der Vogel! Er wurde meistens nicht als Tier bezeichnet. Alte Überlieferungen sprechen von Tieren *und* Vögeln.

»Aus ihm die Götter vielfach sind entstanden
Und Selige, aus ihm Menschen, Vieh und Vögel«.
(Mundaka-Upanishad)

»Frage doch das Vieh, das wird's dich lehren, und die Vögel unter dem Himmel, die werden dir's sagen«
(Hiob 12 V. 7).

»Ja, auch alles Getier, die luftdurchfliegenden Vögel...«
(Aus dem homerischen Aphrodite-Hymnus).

Im alten Text der Oberuferer Weihnachtsspiele trennt der Baumsinger die »Tiralein und die wunderschön großen und kloan Vögalein.«

»An Tier' und Vögeln fehlt es nicht« *(Faust-Vorspiel)*.

Warum der Mensch so besondere Beziehungen zum Vogel verspürte, läßt sich vorerst aus zwei sinnfälligen Tatsachen erklären: Mensch und Vogel sind die einzigen Wesen auf der Erde, die Stimmtöne hervorbringen können. Zum Natur-Können der Vögel gehört der Flug; da aber leidenschaftliche Sehnsüchte des Menschen im Fliegenlernen, Fliegenkönnen gipfeln, waren die Vögel immer von höchstem Interesse für ihn. Ehr-

2 Creuzer, »Symbolik und Mythologie der alten Völker«.

fürchtig hat man in früheren Zeiten den Vogel als Wesen erkannt, von dem man etwas lernen kann (Dädalus, Ikarus), der Sehnsüchte stillt und zu menschlich Unerreichbarem die Schwingen hebt (Ganymed).
Alexander-Iskender läßt sich von zwei Greifen in die höhere Welt tragen. Nach anderer Version der Legende wurde er als Toter auf der Bahre liegend von einem grünen Vogel berührt. Die erschreckten Wächter sahen, daß er sich bewegte, die Arme um den Hals des Vogels schlang und mit ihm entschwebte – seiner höheren Mission entgegen, als König unter den Himmeln die Völker von Ost und West zu einen. In dieser Geschichte ist beispielhaft dargestellt, was den Vogel als besonderes Wesen an den Menschen band: Er machte sich ihm vertraut, er verständigte sich mit ihm, er warnte ihn vor Gefahren, begleitete ihn wie ein höheres, wissendes Wesen und griff in sein Schicksal ein, wo immer Rettung nötig war, und zum Schluß führt er Iskender, der sich seiner Aufgaben noch nicht bewußt ist, zu seiner höheren Bestimmung.
In den Wahrbildern der Greifen und des grünen Vogels offenbart sich das herrscherliche Prinzip Alexanders, das völkerverbindend in der Zukunft wirksam wird, unterstützt und getragen von Hilfeleistungen der Vogelwesen, die nicht irdischer Natur sind. Und hier befinden wir uns nahe an der Bilderwelt der Märchen. Diese erheben sich nicht in die Region der Götter, wie die Mythe, sie vermitteln uns Bilder vom seelischen und geistigen Dasein des Menschen. Menschen und Tiere sind die Handelnden im Märchen. Der Mensch verwandelt sich, von seinen Trieben verführt, in ein Tier, gleitet ins Böse ab und kann dann letztlich doch zum Guten gelangen durch aufopfernde Tat. Sechs Jahre näht die Schwester der Schwäne Hemden aus Sternenblumen, ohne ein Wort zu sprechen. Die Prinzessin oder der Königssohn werden erlöst aus der Verzauberung, in die sie durch böse Menschen oder Tiere oder durch eigene Schuld gerieten.

⊲Weinender Engel. Antwerpen

25 Küstenseeschwalbe

Zur Erlösung, zur Wendung zum guten Ende trägt sehr oft ein Vogel bei, der Schuld aufdeckt durch seinen Gesang: »Machandelboom«, »De drei Vügelkens«[3], oder dessen Gesang den alten König heilt (»Vogel Fenus«). In dem Märchen von den »Drei Sprachen« gelangt ein von seinem Vater verstoßener Jüngling dadurch zu höchsten Ehren, daß er die Sprache der Vögel erlernt: Zwei weiße Tauben setzen sich auf seine Schultern und flüstern ihm zu, daß er das hohe Amt des Papstes annehmen dürfe, und als der Ungeschulte die Messe zu singen hat, sitzen sie wieder dicht bei seinem Ohr und sagen ihm die Texte vor.

»Wo im Menschenherzen eine Kraft frei zu werden beginnt, die sich zum Sieg über alle Schwermut und über alles Hadern mit dem Schicksal durchgerungen hat, da stellt sich das Bild eines Vogels ein, der jubilierend zum Äther aufsteigt. Es ist das Anzeichen dafür, daß Erlösungskräfte im Herzen zu wirken beginnen.«[4]

Im Märchen vom Löweneckerchen, dem Rudolf Meyer diesen Gedanken widmet, ist es nicht nur die Lerche, die den ersten Gang der dramatischen Handlung trägt, später ist es die Taube, die der liebesstarken jungen Gemahlin des verzauberten Königssohns auf ihrem Opferwege hilft. Zuletzt aber trägt der Vogel Greif die Liebenden aus dem Bereich der Gefahr heraus. So kann das Märchen nach aller Wirrnis der Schicksale, nach Entzauberung des Löwen in seine Menschengestalt für die beiden nun vereinigten Menschen den Weg in die höhere Welt des Geistigen zeigen. In der Sprache der mittelalterlichen Mystik war der Greif das Symbol für die übersinnliche Gottesschau. Dante stellt Christus selbst in der Doppelnatur von Adler und Löwe im Greifen dar.

Es ist also das Erscheinen des Vogels, besonders des Singvogels, nicht nur ein Zeichen der glücklichen Lösung und der Rettung für den Menschen, sondern wie es sich hier im Vogel Greif erweist, kann der Vogel auch den Übergang bilden zu den höheren Bereichen der Mythe. Viele mythische und legendäre Berichte sprechen davon, daß der Vogel der Künder göttlichen Willens ist, er wird zum Mittler zwischen Gott und Mensch. Und so erkannte man ihn als den lichten, geflügelten Götterboten aus den Räumen des Himmels. Er konnte sich dem Menschen mitteilen, da dieser die Fähigkeit hatte, ihn wahrzunehmen. Mit dem Verlust der Engelschau schwand auch der Sinn für die Bedeutung des Vogels in unserer Welt, die nur noch als physische anerkannt wird. Es schwand das Wissen darüber, wie stark in früherer Zeit Mensch und Vogel miteinander verbunden waren, wie Menschenleben und Menschengeschichte durch Vögel beeinflußt wurden.

Zwei Phänomene mythischer Vogelverehrung blieben aber noch lange, in einigen Formen sogar bis in unsere Gegenwart, erhalten: das *Vogel-Orakel* und die Bezeugung des *Seelenvogels*. Aus dem Bewußtsein der sogenannten zivilisierten Welt sind sie zwar verschwunden, da sie aber bei primitiven Völkern noch gepflegt werden und in den älteren Kulturepochen unseres Kontinents eine entscheidende Rolle spielten, kann man in ihnen Überlieferungen sehen, die trotz ihres irrationalen Ursprungs von Wissenschaftlern unserer Zeit des Forschens für wert gehalten werden.

3 Plattdeutsche Volksmärchen. Gesammelt und bearbeitet von Wilhelm Wisser. Jena 1922

4 Rudolf Meyer, »Die Weisheit der deutschen Volksmärchen«. S. 137

Vogelorakel und Seelenvogel

Der fortschrittliche Mensch von heute lächelt über den »Aberglauben« der Vogelorakel, sofern er überhaupt noch von ihnen weiß. Aber was steckt in ihm, daß er sich jetzt noch fürchtet, durch den dunklen Wald zu gehen, wenn das Käuzchen schreit? Warum freut man sich über den Glücksvogel am neuen Haus und zählt die Rufe vom Kuckuck? Von Martin Luther kennen wir das Wort: »Wenn du ein Vöglein siehst, so zeuch den Hut und sage ›Glück zu‹!«

Haben wir nicht immer noch die Vorstellung von einem Vogel, der Glück bringt oder als Unheilsbote erscheint? Wir sagen: »du Unglücksrabe«, »du Unglücksvogel« oder »zum Kuckuck nochmal!« und wissen nicht, daß solche Ausdrücke Relikte aus den Vogelorakeln sind, wie man sie übrigens auch in alten Liedern und Kinderspielen, in Märchen und Sagen antrifft.

Jacob Grimm konnte dank seiner Einfühlungsgabe in die Entwicklungsgeschichte der nordischen Völker aufzeigen, wie man aus Märchen und Sagen, aus Gebräuchen, Volkstum und Aberglauben der Gegenwart zu den echten mythischen Überlieferungen »hochsteigen« kann. Immer wieder bringt er in seiner »Deutschen Mythologie« Beispiele dafür, daß zu seiner Zeit noch lebendige Mythe im Volksleben feststellbar war.

Zwar wurde während des letzten Jahrtausends das Vogelorakel von Kirche und Staat verboten, die Ausübung mit schweren Strafen belegt, aber in kirchlicher Symbolik und ritterlicher Heraldik lebten die Elemente des Orakels unbemerkt fort. Je mehr wir in frühere Zeiten vordringen, etwa vom 12. Jahrhundert an rückwärts, desto mehr Bezeugungen echter kultischer Elemente begegnen uns: bei den keltischen, germanischen und slawischen Völkern, bei den Etruskern, im alten Rom und in Griechenland. Auf der ganzen Erde sind die Vogelorakel in ähnlicher Art ausgeübt worden.

Das Forscherschicksal von Ludwig Hopf könnte als

eine Vorbereitung auf ein erneuertes Wissen von den Ursprüngen des Mythos verstanden werden. Ein halbes Jahrhundert bevor Rudolf Steiner über Mysterien- und Orakelwesen sprach, reiste Ludwig Hopf, der als Wissenschaftler die Tierorakel in Europa studiert hatte, nach Amerika, wo er bei den Indianern zu seinem großen Erstaunen dieselben Vogelorakel fand, wie sie aus dem frühen Europa und Asien bekannt waren.[1] Auch aus Afrika kamen ähnliche Berichte. Der neue Erdteil Australien war wissenschaftlich erst entdeckt worden. Hopf unternahm auch dorthin eine Forschungsreise. In der Mitte des 19. Jahrhunderts war das noch keine Spazierfahrt. Es erwartete ihn die ihn äußerst erregende Tatsache, daß auch dort in der Isolation primitiver Stämme die Vogelorakel wie in den Frühkulturen der anderen Kontinente gehandhabt wurden.

Der Forscher baute auf diese Erfahrung das System einer Menschenentwicklung aus einem Stamm. Es war, als wenn ihm ein halbes Jahrhundert zu früh Erfahrungen in die Hand gespielt worden wären, die er noch nicht verarbeiten konnte. Erst nach 1900 gab Rudolf Steiner die Aufschlüsse, die das Vogelorakel in Zusammenhang mit den Mysterien-Kulten brachten. Durch die verschiedenen Einweihungen wurden seit der Zeit der Atlantis geistige Prägungen bestimmter Menschenrassen vollzogen, indem der einzuweihende Mensch in die geistige Schau bestimmter Tierarten geführt wurde. So gab es Mysterienstätten, die nur den Stierkulten gewidmet waren, solche, in denen das geistige Bild des Löwen geschaut wurde, und solche, die den Menschen zu der Adler-Einweihung leiteten.[2]

1 Ludwig Hopf, »Thierorakel und Orakelthiere«

2 Rudolf Steiner, »Das Johannes-Evangelium im Verhältnis zu den drei anderen Evangelien«, GA 112, und »Unsere atlantischen Vorfahren«, in »Aus der Akaska-Chronik«, GA 11.

⊲ *Tarquinia: Grab der Auguren*

Eos, die Göttin der Morgenröte, schaut zurück auf den Vogel, der den Tag ankündigt

Die Symboltiere der Evangelisten hängen mit der Bedeutung dieser Kulte zusammen. Johannes wird als der Adler-Eingeweihte charakterisiert; er trägt das Wesen des Vogels in sich, der im Gegensatz zu Stier- und Löwe-Typus das Gegenwärtig-Normale der Erde überfliegt und seine Mission im Zukünftigen erfüllen wird. Das »Symbolum seiner spirituellen Vogelnatur« (Rudolf Steiner) deutet auf die hohe Wesenheit hin, zu der in Mysterien- oder Orakelstätten die Adler-Einweihungen führten. Hier sind die Uranfänge der heili-

Seelenvögel. Grab des Ramesses VI. Rechts: Seelenvogel über dem Toten

gen Orakel zu suchen, die über die ganze Erde hin die Verbindung von Gott und Mensch durch den Vogel bewirkten, die Willen und Sprache, hilfreiche Nähe und Rat des Gottes bekundeten. Durch tausende von Jahren gaben sie dem Menschen Weisung, inneren Halt und Lebenssicherheit. Bei primitiven Völkern werden sie heute genauso gehandhabt wie früher in unseren Kulturländern. Überall, wo sie praktiziert wurden und noch werden, helfen sie Entscheidungen im Bereich der Familie, des Stammes, des Staates treffen. Geplante Unternehmungen wurden nicht durchgeführt, wenn das Auspizium negativ ausfiel. Wie wir die Mimik des Vogels über den ganzen physischen Körper gebreitet sehen, so empfand man in der alten Vogelschau jede Regung, jede Flugart und Flugrichtung sowie Stimmen und Töne der Vögel als Mitteilung aus göttlicher Sphäre an den Menschen, als Sprache des Gottes, der sich durch den Vogel offenbarte. Es war eine hohe priesterliche Kunst, die Zeichensprache der Vögel deuten zu können. Wenn sie beim Niedergang der einzelnen Kulturen mit in die Dekadenz geriet, so ist dies kein Argument gegen ihre frühere Bedeutung für den Menschen, ja für Entwicklung und Geschichte ganzer Völker.

An der Praxis der Orakel waren viele Vogel-Gattungen beteiligt, da jede einzelne ihre symbolische Bedeutung hatte. Das Erscheinen der Krähe bedeutete etwas anderes als das der Schwalbe, der Taube etwas anderes als das des Ibis. Wie der Vogel erschien, war von Wichtigkeit, ob von rechts oder links, ob er auf den Beobachter zukam oder sich von ihm entfernte und vieles mehr. Die Orakel waren kräftig mit dem irdischen Menschen verbunden: sie griffen in die Lebensführung ein durch Entscheid, Beratung und Warnung. Darum waren sie fest verankert im Empfinden der Völker. Man brauchte sie zum Leben!

Der *Seelenvogel* aber begleitete den Menschen nach dem Tode. So genau der Orakelvogel mit physischen und seherischen Augen beobachtet wurde: des Seelenvogels ansichtig zu werden, bedeutete den Tod. Wenn auch der Seelenvogel durch verschiedenste und sich widersprechende Darstellungen dokumentiert ist, kann er doch nur sehr vorsichtig von den ältesten Vorstellungen der menschlichen Seele her abgeleitet werden. Im Persischen bedeutet das Wort »murgh« Seele und Vogel zugleich. In der Hieroglyphenschrift wird die Seele im Bild eines Vogels dargestellt. Wir kommen dem Verständnis dieses Bildes näher, wenn wir berücksichtigen, daß im alten Ägypten eine große Anzahl von Tieren höher geachtet wurde als der Mensch. Zeugnisse aus dem vierten Jahrtausend v. Chr. bezeichnen die Tiere als die hilfreichen Götter des Menschen. Ohne ihren Schutz fühlte er sich wehrlos. Könige führten Tiernamen als magische Zeichen ihrer

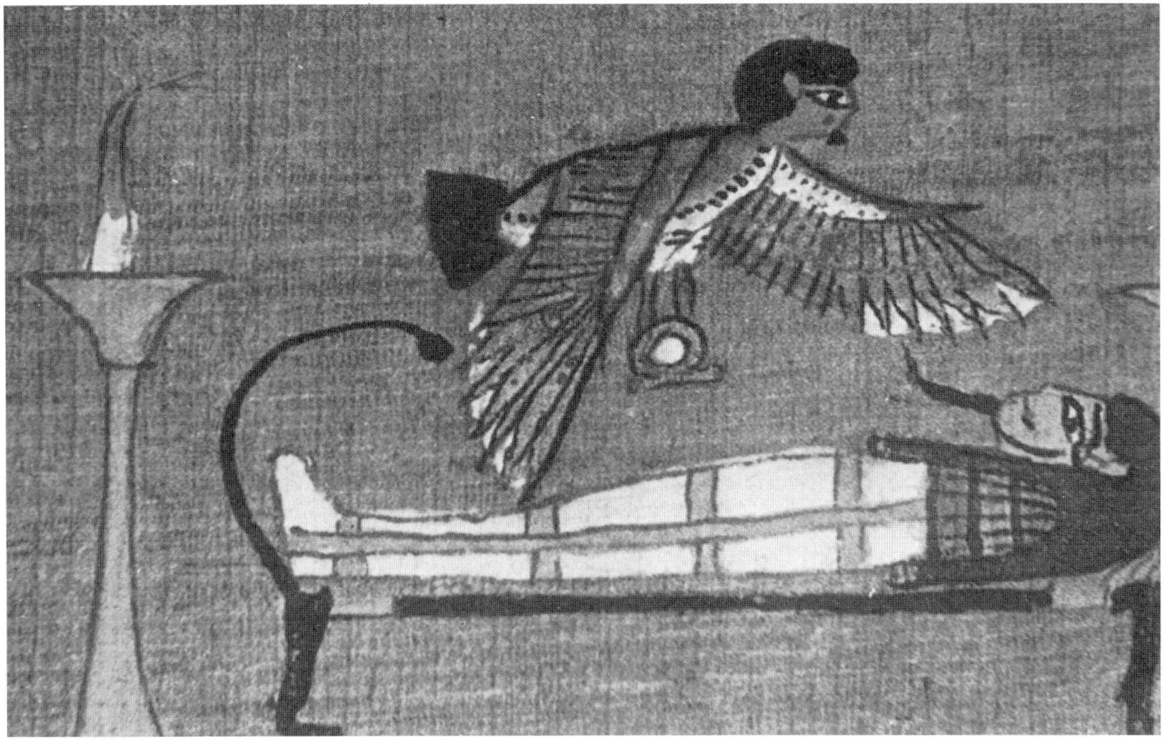

göttlichen Macht. Doch zu den höchsten Erscheinungsformen der Götter gehörte der Vogel: Falke, Ibis, Adler, Sperber, Weihe. Götter trugen als Haupt den Kopf ihrer heiligen Vogelwesenheit.
Sollte nun aber das Göttlichste des Menschen, die Seele, zur Darstellung kommen, wurde sie, die ohnehin in ihrer beweglichen Farbigkeit die Wesenszüge des Vogels zeigte, dem göttlichen Bilde des Vogels angeglichen. Es entstand ein Mischwesen, das nicht wie die Göttergestalten als Menschenkörper mit Vogelhaupt, sondern als Vogelkörper mit Menschenkopf oder Menschenoberkörper erschien, als Seelenvogel.
Von besonderem Rang war die Seele eines Toten, da jeder Tote als göttlich galt. Seine Seele konnte als Vogel dem Körper entfliehen, hatte aber die Möglichkeit, sich als Seelenvogel irdischen Augen wieder sichtbar zu machen. So wie ein Gott als »Bild«, als »Erscheinungsform«, als »Ba« eines anderen Gottes auftreten konnte, so konnte der Seelenvogel als »Ba« des geheiligten Toten erscheinen – auch wieder in verschiedenen Formen; wir sehen auf einer Grabkammertür trinkende Vögel als Seelenvögel dargestellt, oder als Vogelkörper mit menschlichem Haupt und Menschenarmen. Immer sind sie wie alle heiligen Tiere die sichtbare Manifestation einer unsichtbaren, göttlich seelischen Macht.

⊲ *Seelenvögel und »Schatten«. Grab des Iri-Nufer*

Odysseus bei den Sirenen

Aber nicht nur in Ägypten war die Vorstellung vom Seelenwesen mit dem Vogel verbunden. Wie das Vogelorakel war der Glaube an den Seelenvogel über die ganze Erde verbreitet und ist zum Teil heute noch vorhanden. Bei allen indogermanischen Völkern finden wir ihn, besonders in Nordeuropa. Die Chinesen kennen den Totenvogel. Die Malayen glauben, daß der wehmütige Ruf eines geweihten Vogels die Klage einer Seele sei, die immer noch auf der Suche nach dem duftenden Paradiese ist. Die Indianer halten die Vögel für Vermittler zwischen Göttern und Menschen und den Seelen der Abgeschiedenen.

Offenbar ist es heute leichter, bei primitiven Völkern, in denen der Glaube an Vogelorakel und Seelenvögel noch lebendig ist, solchen Mythologemen nachzugehen als in unserem zivilisierten Europa, gehört doch der Seelenvogel in besonderer Art zu der Erscheinungswelt des Wunderbaren. Wenn sich noch 1707 der Schreiber eines Vogelbuches umständlich entschuldigt, daß er nicht über Philosophie und Jura spricht, sondern nur von den Geschöpfen Gottes, »denen Vögeln«, so scheint sich darin schon damals eine gewisse Zurückhaltung zu zeigen, die heute ernsthafte Forscher veranlaßt, die Gebiete des »Vogel-Aberglaubens« auszuklammern. Die Forschung wird aber immer wieder die Grenzgebiete zum Aberglauben überschreiten müssen. Darum danken wir es G. Weicker und E. Buschor, dem entlegensten Phänomen, dem des Seelenvogels, spezielle Arbeiten gewidmet zu haben[3]. Weicker behandelt die verschiedenen Erscheinungsarten des Seelenvogels, gründend auf den Zeugnissen des

3 G. Weicker, »Der Seelenvogel in der alten Literatur und Kunst« E. Buschor, »Die Musen des Jenseits«

klassischen Altertums, aber ihn aus ganz Europa belegend. Indessen ist es bei Buschor seine Liebe und sein tiefes Hinneigen zur Welt der Griechen, die den Schlüssel zu den Seelenvögeln, den »Musen des Jenseits«, liefern. Er legt das dem griechischen Wesen am meisten entsprechende Bild des Seelenvogels, der *Sirene* frei. Es geht uns die Arbeit von Buschor gerade heute in besonderem Maße etwas an, weil er nicht nur eine historische Klärung herbeiführt, sondern den Begriff des reinen Menschentums auch im geheimnisvollen Bereich der Sirene findet und aufzeigt.

Seelenvögel von verschiedenster Gestalt durchgeistern die Welt altgriechischer Bildwerke. Wie die Griechen selbst den Einfluß von Ägypten und andern Ländern auf ihre eigene Kultur anerkannten, so ist es heute erwiesen, daß die dämonischen Mischgestalten, aus dem frühen Ägypten, Mesopotamien und umliegenden vorderasiatischen Bereich stammend, sich wohl mit Verwandtem des archaischen Griechentums verbanden. Immer wieder zogen sie in bestimmten Phasen durch die griechische Bilderwelt und Volksphantasie. Vogelwesen mit dem Haupt des Löwen und des Bocks, erschreckende Vogeldämonen, krallenbewaffnet, Ker, Vus, Strigen mit Vampirnatur, Lynggen, Gorgone, Lamien, Harpyien, auch die singenden Zaubervögel, die Keledonen, die von der Decke des delphischen Apollotempels herabhängen, gehören zu den Gestalten solcher Seelenvögel, die unter fremdem Einfluß entstanden.

Doch sogar auf diesem entlegenen Gebiet bewahrheitet sich das Wort aus dem Epinomis-Dialog: »Was auch Hellenen von Nicht-Hellenen übernommen haben, das führen sie zu einem schöneren Ziel«. Die reine und tiefe Schau griechischer Seher und Dichter bezeugte nicht Schreckgestalten, sondern geflügelte Göttinnen, hellstimmige Sirenen als die Wesen, die wir unter »Seelenvögeln« verstehen, bezaubernde, berükkende Musikantinnen, die den irdischen Menschen mit himmlischen Tönen von der Erde locken. Der Todgeweihte hört schon »die oberen Chöre klingen«, mit denen ihn die Sirenen »holen«. Sie sind die Musen des Jenseits in menschlicher Schönheit: geflügelt als Ausdruck ihrer Vogelnatur. Sie haben das Amt, die Seele nicht etwa *in* den Hades, sondern *aus* dem Hades in den Sternenbereich, in die Gefilde seliger Geister zu bringen. In Platons »Staat« steht auf jeder der acht kreisenden Himmelssphären eine Sirene, die ihren bestimmten Ton erklingen läßt als Beitrag zu der ewigen Harmonie der Sphären. Auf Vasenbildern sind sie uns dargestellt im Gefolge und als Botinnen der Götter im olympischen Bereich. Nach einem Volksglauben gibt es Sirenen, die als Kinder der alten Erdenmutter im Palast des Hades und der Persephone wohnen und nie die Erde betreten können. Ihre düstere Musik ist den abgeschiedenen Seelen Tröstung, wie die Totenklage der Überlebenden. Aber nach einem späteren Mythos sind auch diese Sirenen des Hades mit dem Sternenreich verbunden: »als Wegbereiterinnen, die die Seelen durch ihre Musik läutern und zum Aufstieg in die höheren Sphären reifmachen« (Buschor). Nichts bringt uns das Wesen des Vogels in seiner Beziehung zum Menschen so nahe wie die Beschäftigung mit dem Seelenvogel. Die Seele des Menschen nimmt da, wo sie sichtbar werden will, die Erscheinung des Vogels an. In allen dunklen, grausigen, grausamen Regungen spukt das Raubgetier des dämonischen Geflügels, das die Seele in den Hades bringt. Aber eben, sie hat Flügel, ihr hellerer Wesensteil läßt die Erde hinter sich und strebt in die Bereiche der Angeloi, deren reine Sphäre von den Göttern erreichbar ist zu Auftrag und Austausch.

Hier, wo die Himmelskräfte auf- und niedersteigen, wo der Cherub im Federkleid erscheint und der Vogel zum Geistträger wird, hier ist die Sphäre des Ätherlichtes und der Harmonien, aus der das Wesen des Vogels und zugleich der menschlichen Seele gedeutet werden kann. Aus diesem Bereich stammen die lieblichen Götterbotinnen, die geflügelten Sirenen in Menschengestalt. Sind sie nicht von ähnlicher Art und Erscheinung wie die Engel des Alten Testaments, die Engel aus christlicher Zeit? Wir denken auch an die Sirenen, die als geflügelte Menschenköpfe dargestellt wurden im Vergleich zu den geflügelten Engelköpfchen des Mittelalters.

Ob nun Seelenvögel oder Engel, ob irgendein Geistwesen höherer Natur dargestellt wurde, immer war es mit realen, oft erstaunlich naturgetreuen Vogelfedern »beflügelt«. Welch eine hohe Meinung die Antike über die Vogel-Wesenheit des Menschen, der menschlichen Seele hatte, äußert sich im Phaidros-Dialog des Platon: »Die Kraft des Gefieders besteht darin, das Schwere emporzuheben und dorthin zu führen, wo das Geschlecht der Götter wohnt. Unter allem, was zum Körper gehört, hat es den größten Anteil am Göttlichen. Das Göttliche aber ist das Schöne, Weise, Gute und was dem ähnlich ist. Hiervon also nährt sich und wächst vornehmlich das Gefieder der Seele. Durch das Mißgestaltete aber, das Böse und was sonst jenem entgegengesetzt ist, schwindet es dahin und vergeht... Daher kommt nun der große Eifer, der Wahrheit Feld zu schauen, wo es ist, und die dem edelsten Teile der Seele angemessene Weide zu finden auf jenen Wiesen, auf denen die Kraft des Gefieders sich nährend wächst... Dieses aber ist Erinnern an das, was einst unsere Seele geschaut hat, als sie der Gottheit nachwandelte und das nicht wahrnahm, was wir jetzt für das Wirkliche halten, sondern zu dem wahrhaft Seienden das Haupt emporgerichtet hielt.«

Vogel mit der Schlange kämpfend.
Zwischen den Flügeln trägt er den Poseidon,
der Leib ist als Menschenkopf ausgebildet.
Hellenistische Gemme, 19 mm hoch

Mysterien

In dem Platon-Wort vom »Gefieder der Seele« spiegelt sich Mysterien-Weisheit. Platon war dreizehn Jahre lang Schüler der Priester von Heliopolis und empfing, wie er im Timaios berichtet, von ihnen das Wissen über den Untergang der Poseidon-Insel, des Festland-Restes von Atlantis. Platon schildert das »Goldene Zeitalter«, in dem der Mensch über die reichsten Naturschätze verfügte, zugleich aber daraus die herrlichsten Kunstwerke gestaltete in der kaum vorstellbaren Pracht des Poseidon-Tempels. Aus diesen Mitteilungen Platons im Zusammenhang mit seiner Äußerung über die »gefiederte Seele« spricht sein tiefes Wissen um die Uranfänge, man darf vielleicht sagen um die Motive der ersten großen von ihm beschriebenen Kultur, die aus der Vogelnatur des damaligen atlantischen Menschen wirkte.

Die Frage nach dem Wesen des Vogels und nach seinem Zusammenhang mit dem Menschen ist aus gegenwärtigen Vorstellungen heraus nicht beantwortbar. Wenn wir die Märchen und Mythen studieren, haben wir in ihnen aufschlußreiche Bilder, die aber auf die Urzusammenhänge von Vogel und Menschenseele in den allerfrühesten Epochen des Menschen deuten, und nur mit größter Vorsicht können wir versuchen, uns diesen Bereichen zu nähern.

Kein Befund der Anthropologie vermag Auskunft zu geben über den damaligen Menschen, weil er noch keinen Leib im heutigen Sinne hatte und deshalb keine im Physischen erhaltenen Spuren hinterließ. Wir sind daher gehalten, uns anhand der Aussagen der Geisteswissenschaft Rudolf Steiners ein Bild von der Erdenentwicklung zu machen[1].

In den komplizierten kosmischen Vorgängen unseres Sonnensystems wurde es besonders bedeutungsvoll für Mensch und Tier, daß sich aus dem anfangs noch einheitlichen Weltenkörper die feineren geistigen Substanzen als »höhere Wesenheiten« aussonderten und

1 Siehe zum Folgenden R. Steiner, »Geheimwissenschaft«, GA 13

sich zu einer geistigen »Sonne« vereinten. Auf dem Erdenmond blieben die Abbilder dieser geistigen Urbilder und waren in gewisser Weise schon veranlagt als Mensch und Tier. In der okkulten Sprache unterscheidet man drei Gruppen, die auf diese Entwicklungsstufe hinweisen: die Löwen-, Stier- und Adlermenschen. Sie haben, wie der Name andeutet, gewisse Charakteristika mit den Tiergruppen gemeinsam, wurden aber von den höheren Urbildern geführt, die sich der Verhärtung des Erdenmondes entzogen hatten. Im Geistigen gegründet, überdauern sie die irdischen Umformungen und bewirken durch viele Neubeginne die Entwicklung des folgerichtigen Aufeinanderzulaufens, die Konvergenz geistiger und irdisch-materieller Evolutionsströmungen.

Es entstand in der ersten Atlantiszeit ein Menschengeschlecht, das den Einfluß des Löwen zeigt; ein zweites, das sich unter dem Tierkreiszeichen des Stieres entwickelt. Die dritte atlantische Rasse trägt die Signatur des Vogels, und unter ihr entsteht das »Goldene Zeitalter«, von dem viele der ältesten Überlieferungen berichten. Die erste Hochblüte der Menschheit wird getragen von einer Menschenart, die unter dem Einfluß hoher Vogelwesen stand. Es konnte die Adlernatur des Menschen führend werden. Nach Steiner können wir uns folgendes Bild machen: Aus dem Nebelmeer traumhaft-ätherischer Visionen, die von sinnlich-übersinnlichen Tönen und Farben durchzogen wurden, kam das Menschenwesen in eine Entwicklungsphase, in der es begann, persönliche Erfahrungen zu machen, in der ein seelisches Gefühl seiner Einzelperson wach wurde. Einzelne Individualitäten waren besonders befähigt, durch eine erste Ausbildung ihrer Sinnes- und Bewußtseinsorganisation – ihrer Vogelnatur – das Leben »tüchtig« zu gestalten. Sie wurden geschult von denen, die »in die ewigen Gesetze geistiger Entwicklungen eingeweiht waren.« Sie wurden zu Herrschern und Völkerführern der Atlantier. »Gewaltige Machtfülle war in ihrer Hand; groß war auch die Verehrung, die ihnen entgegengebracht wurde.«[2]

Durch die Einweihung in den Orakelstätten, die als Mysterienschulen in der Atlantiszeit aufblühten, gelangten sie zu der Fähigkeit, mit den hohen geistigen Wesenheiten, den führenden Intelligenzen in Verbindung zu treten, und sie versahen selbstlos ihr priesterliches Königsamt. Es wurden die gerechtesten und blühendsten sozialen Einrichtungen getroffen. Diese dritte Atlantierrasse, die sich vom heutigen Florida über Mittel-Atlantis, das jetzige Yukatan, Mexiko und das Inkareich Südamerikas verbreitete, waren die Tolteken.

In alten Gesängen der Azteken werden sie gerühmt: »Tolteken, das sind kluge und geschickte Leute, ihre Werke sind alle schön, alle trefflich, alle verständig, alle wunderbar.«[3] Lange Zeiten hindurch waren sie die Führer der Völkerrassen, mit denen sie in Berührung kamen. Tausende von Jahren später sind die Kulturen des Inkareiches von Peru und Mexiko noch ein Abglanz des frühen atlantischen Tolteken-Sonnen-Königtums. Den überaus weise gelenkten Sozialismus und Agrar-Kommunismus der Inkas bezeichnete Scott-Elliot als »Wiederaufleben des goldenen Zeitalters der Tolteken«.

Bei den nordamerikanischen Indianern, in Mexiko und bei einigen Stämmen in Südamerika dokumentiert sich heute noch deutlich die Verwandtschaft mit der frühen »Vogelrasse«. Die Vogelnamen der Häuptlinge, der Federschmuck, ihr Glaube, daß in uralten Zeiten die »Vogelrasse der Tolteken« dort gelebt hätte, zeugen davon. Jeder toltekische eingeweihte Geistesführer wurde als mächtiger »Adlergeist« verehrt. Heute noch sind die Fetisch-Säulen mit Vogelköpfen gekrönt und mit riesigen Flügeln versehen.

2 Sigismund von Gleich, »Der Mensch der Eiszeit und Atlantis« S. 60, vgl. auch Rudolf Steiner, »Unsere atlantischen Vorfahren«, in GA 11

3 S.v. Gleich a.a.O. S. 61

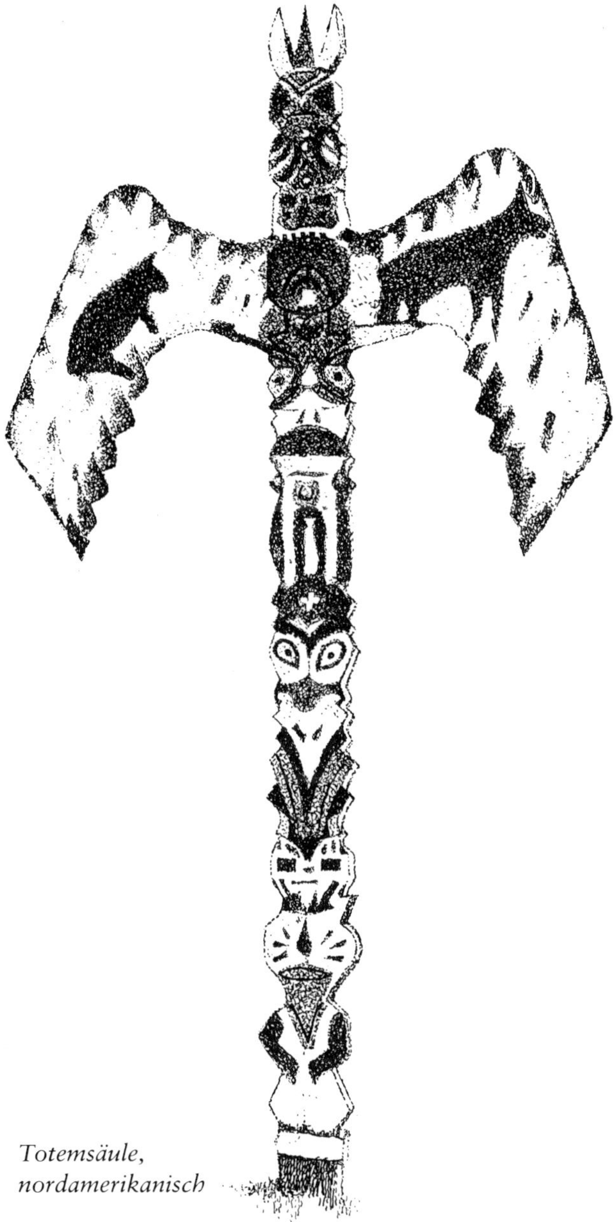

Totemsäule,
nordamerikanisch

Die Natur selbst setzt über alle diese Feststellungen ein Bekräftigungszeichen: Mittelamerika ist im wahrsten Sinne des Wortes heute noch ein »Vogelland«. Wenn wir allein an die tausendfältige Familie der Zaunkönige dort denken! Und welch ein Farbenreichtum entfaltet sich! Einer der berühmtesten Vögel ist der Quetzal in strahlender Farbenpracht: leuchtend rote Bauchseite, grüner Rücken, und auf dem Kopfe eine goldfarbene Federkrone! Wir werden später noch im Zusammenhang mit dem Vogel Phönix auf ihn zurückkommen. Aus ihm und der Schlange ist das uralte Symbol der dort noch überall als Signum verwandten Federschlange entstanden. Quetzalkohuatl, Federschlange, war der höchste Gott der Indianer: in atlantischer Urzeit ein helles Luziferwesen, unter dem sich die strahlende Kultur der Tolteken entwickelte. Es gehörte wohl zum Wesen der beweglichen »Vogel-Rasse«, daß sie sich nicht auf ihre Länder beschränkte, sondern weite kolonisatorische »Flüge« unternahm. Scott-Elliot, den auch Rudolf Steiner zitiert, stellt dar, die Tolteken hätten sich nach Westen bis hinein nach Asien verbreitet und nach Osten über die damalige atlantische Landbrücke und den Norden von Afrika hin nach Ägypten, das als »herrliche zehntausend Jahre lange goldene Brücke zwischen Atlantis und dem mediterranen Europa« bezeichnet wird. Die Pyramiden und Tempel Ägyptens haben Ähnlichkeit mit denen der Toltekenländer Mittelamerikas, und auch in der ägyptischen Götterwelt kann man einen Abglanz des toltekischen Adlergeistes empfinden. Neben Stier, Löwe, Widder, Schlange, Käfer, die als göttliche Erscheinungsform verehrt wurden, dominieren die »großen« Götter in Vogelgestalt: der Götterkönig Amun ist der Sonnengott als Falke, Osiris ist dargestellt mit einem ihn inspirierenden Vogel auf dem Haupt. Isis umschwebt als Geierweibchen ihren ermordeten Bruder-Gemahl und empfängt posthum den Horus, der als gewaltiges Falkenmonument noch heute im Tempel von Edfu steht. Auf einem Relief in Karnak erscheint Hermes mit dem Sperber-Haupt als Zeichen gewandter Klugheit und überlegener Weitsicht, Nuth, die Sonne und Mond gebiert, mit den herrlichsten ausgebreiteten Goldflügeln. Maat, die Göttin der ordnenden Macht, wird durch eine Straußenfeder auf dem Haupt erkennbar gemacht[4]. Sched eilt auf einem mit Greifen bespannten Wagen in Not geratenen Menschen zu Hilfe, geflügelte Schlangenwesen werden zuweilen als »große« Götter verehrt. Nachdem Echnaton die Falkengestalt des Horus beseitigen ließ, wurden dennoch Falken (und die Uräus-Schlange) als einzige heilige Tiere weiterhin in den Tempeln geduldet. Die Toten erscheinen als göttliche Vögel, und aus dem Tempel von Heliopolis wurden die Selbstverbrennungen des Vogels Phönix überliefert.

Die Ausstrahlung Ägyptens auf die jüngeren mediterranen Kulturen ist bekannt. Die tiefen Zusammenhänge müssen aber auf die Entwicklungsgeschichte der atlantischen Menschheit zurückgeführt werden, von der der griechische Mythos berichtet. Uranos und Okeanos herrschten über das erste Wassermannzeitalter, in dem der Mensch noch nicht irdisch verkörpert war. Kronos stürzte seinen Vater Uranos und wurde der zweite Atlantis-König. Der dritte und letzte Götterherrscher war Zeus, der über der Hochkultur des »Goldenen Zeitalters der Atlantis« waltete. Seine Adler-Gott-Wesenheit führte die Vogelrasse der Tolteken, die aus der Entwicklung der Löwe- und Stier-Epoche nun zu den Fähigkeiten der Gehirn- und Nervensysteme, seiner Vogelnatur, gelangte. Die eingeweihten Geistesführer, von denen jeder ein mächtiger Adlergeist war, verbanden sich in den verschiedenen Orakelstätten mit den himmlischen Hierarchien; durch den Mund dieser Priesterkönige sprach Götterwort, das in der Menschenkultur wirksam wurde.

Nun aber war es nicht der Adler-Gott Zeus allein, der sich als lebendiges Geistwesen den Sehern der atlantischen Zeit offenbarte. Die großen Namen des griechischen Mythos werden mit ihm gemeinsam genannt. Sein Bruder Poseidon führte die große Atlantis-Insel »Poseidonis«. Der Name Atlas birgt das indianische Wort atl, von dem »Atlantis« abgeleitet wird. Prometheus ist ein luziferischer Gott, der in der Glanzzeit der Atlantis als gewaltiger Kulturbringer gewirkt hat[5]. Im Drama des Äschylos rühmt sich der halbgöttliche Feuerriese, daß die ganze Kunst des Menschen, auch die Vogelorakel und ihre Deutung, von ihm stamme.

Was auch immer über die Beziehungen der Griechen zum Vogel überliefert wird, die Vogelsymbolik in ihrer Götterlehre, in Mythen und legendären Berichten, die Orakel, nicht zuletzt die Liebe des Griechen zu seinem lebenden und singenden Vogel in der Natur: die tiefste, erste Motivierung dieser Phänomene finden wir in der Vogel-, der Adler-Rasse der Tolteken, die von der hohen Adlerwesenheit des Jupiter-Zeus geleitet wurde! Schon Alexander von Humboldt bringt den germanischen Wotan, der mit dem Adler verbunden ist, in Zusammenhang mit dem mittelamerikanischen »Votan«, »der desselben Stammes zu sein scheint wie die Wods oder Odins der Goten und Kelten«.

Aus derselben Quelle, nur in andern Richtungen strömend sind die Einflüsse zu erklären, die über den Osten – aus Asien kommend – Griechenland und mit ihm Europa formten. Asien ist das Land der Asen mit dem Göttersitz des Kauk-Asos, während Europa mehr als Erdenland zu deuten ist. Nach griechisch-phönizischem Mythos hieß die Tochter des Phönizier-Königs Phönix Europa. Sie war die Schwester des phönizischen Eingeweihten Kadmos aus Tyrus, der den ältesten Hellenen orientalische Weisheit vermittelte. Er wurde zum Geisteslehrer Griechenlands. Zeus-Jupiter entführt dessen Schwester aus Asien, damit sie das Land Europa zu seiner Erdenbestimmung entwickele.

4 Erik Hornung, »Der Eine und die Vielen« S. 210

5 S.v. Gleich, »Marksteine der Kulturgeschichte« S. 234

Horusfalke.
Tempel von Edfu, Vorhalle

Friedrich Doldinger: Herbstsonne

Der Adler

Ja, wer ein Adler ist,
der mag sich wohl erschwingen
und über Seraphim
durch tausend Himmel dringen.

ANGELUS SILESIUS

Nur die Kenntnis der Herkunft und der Inhalte atlantischer Mysterien ermöglicht uns einen Zugang zu den Mythen des Adlers und seiner Symbolik. Wollen wir jedoch die komplexe Frage nach Dasein und Wesen des Adlers aufwerfen, so steht die ungeheure Aufgabe vor uns, ihn sowohl im Bereich der höchsten Götter als auch in der Natur des Menschen, in dessen Vorstellungen und Erfahrungen zu suchen.

Durch die Sinneserfahrung des heutigen Menschen konnte der physische Vogel weitgehend erforscht und wissenschaftlich dokumentiert werden. Ginge uns aber dieser ornithologisch erfaßte und dem Naturschutz empfohlene Adler innerlich wahrhaft etwas an, wenn er nicht eine Ahnung von dem vermittelte, wofür er nur irdisches Bild ist? Die majestätische Erscheinung trug ihm nicht nur den Ruf ein, er sei der König der Vögel, die Könige und Kaiser der Völker benutzten ihn auch als Signum ihrer Macht: Zum höheren Begriff wird der Adler, wenn vom »Goldenen Zeitalter« der Atlantis berichtet wird, es hätte unter der Führung der Geistwesenheit des Adlers gestanden. Die gesamte blühende Kultur lebte unter dem Bilde des Adlers. Nach der Löwe- und Stier-Epoche erhielt der Mensch jetzt die Erweiterung seines Wesens durch die Adlernatur. Der Vogel, den Rudolf Steiner als »ganz Kopf« charakterisiert, beherrscht den Teil des Menschen, mit dem er sich der Erde enthebt, in dem er Gedanken und Bewußtsein bildet, in dem das Zentrum seiner Sinnes- und Nervenfunktion liegt. Aber das aufrecht getragene Haupt ist eben auch der Gipfel oder die Höhe, von der aus der Mensch sich in das Reich der Geister und der Götter begeben kann.

Der Adler stellt durch die in ihm handelnde geistige Wesenheit die Verbindung her zwischen Mensch und Götterwelt. Er wird also nicht nur zum besten Teil der Menschen-Natur, sondern er hebt diese empor zu der Gottheit, der er selber zugeordnet ist.

Es ist bedeutsam, daß der Urschöpfungsakt, der my-

thische Beginn alles Weltwerdens mit dem Uranfang des ältesten Vogels, dem Adlerei in Verbindung gebracht wird:
»Ein Adler legte das Ei, in dem der Keim des Geistes und der Keim des Alls, von Himmel und Erde, Sonne, Mond und Sternen verschlossen war, in den Schoß einer jungfräulichen Göttin, die seit sieben Jahrhunderten auf dem Meer dahintrieb.« In dieser finnischen Sage liegt das allmähliche Werden unseres Sonnenkosmos und der Erde im Bilde verborgen.
Dasselbe Motiv findet sich in der indischen Mythologie: »Im Zusammenklang von Bewegung und Wasser entstand das Ei. In ihm war Brahma. Er teilte das Ei in zwei Hälften, in Himmel und Erde und setzte dazwischen seinen göttlichen Hauch, den Äther. Dieser bildete das Reich der Vögel.« Wir denken dabei an das Weltenei in der Orphik und daran, wie in der Kalevala das Ur-Ei nicht von einem Adler, sondern von einer Ente herrührt, also das Wasser als Entstehungselement noch mehr betont ist.
Es ist erwähnt worden, daß die erste Hochkultur, die der Tolteken, in der dritten atlantischen Periode von der Adler-Geistwesenheit geführt wurde, in der sich bereits die Göttergestalt des Zeus ankündigt, der später als höchster Gott der Griechen wieder erscheint. Er hat den früheren Sehern Gelegenheit gegeben, ihn als Adler-Gott in Verbindung mit der geistigen Adler-Wesenheit, aber auch mit dem physisch sichtbaren Vogel zu erkennen. Er nahm die Gestalt eines Adlers an. Der Adler war nicht nur göttlicher Bote, sondern zweite Gestalt, irdisches Erscheinungskleid des Gottes (Entführung der Nymphe Aigina, Ganymed usw.). Die Frage kann offen bleiben, ob der Gott und die Geistwesenheit des Adlers identisch sind.
Der majestätische Vogel, der mit dem offenen Auge der Kraft des Sonnenlichtes standhält, ohne geblendet zu sein, ist überall auf der ganzen Erde den höchsten Gotteswesen zugeordnet. Er, der sich am meisten der Sonne nähern kann, ist der Vogel des Lichtgottes Ormuzd. Auch Wischnu, Indra und Agni haben den Adler als Begleiter. In Europa ist es nicht nur Zeus-Jupiter, der mit dem Adler verbunden ist, sondern gleicherweise Odin, der auch »Adlerhaupt« heißt, der sich in den Adler verwandelt und ihm seine Befehle übergibt. Als Waffenträger des Donnergottes hält er die Flammenbündel der Blitze in seinen Fängen, ohne je selbst vom Blitz getroffen zu werden.
Im Alten Testament bezeugt Jehova sich selbst als Adler: »Ihr habt gesehen, was ich in Ägypten getan habe, und wie ich euch getragen habe auf Adlersflügeln ...« Er beschließt seinen Auftrag an Moses: »Ihr sollt mir ein priesterlich Königreich und ein heiliges Volk sein.« Priesterkönige waren es, die seit der atlantischen Zeit bis nahe an die Zeitenwende die Völker führten. Wer die Adler-Einweihung durchgemacht hatte, empfing aus ihr die Kraft und die Weisheit für sein Amt.
Aber im Lauf menschlicher Entwicklung mußte die alte Weisheit staatsbildenden Impulsen und kriegerischen Mächten weichen. Das bisher heilige Bild des Adlers wurde von Kaisern und Königen als Signum ihrer weltlichen Macht erkoren. Sie spannten ihn sozusagen in ihre nationalen Interessen ein. 104 v. Chr. erhob ihn Marius zum Feldzeichen seiner römischen Legionen. Vorher schon hatte ihn Cyrus von Persien als Heeressignum benutzt. Auch wenn man ihn aus purem Golde bildete mit ausgebreiteten Flügeln, ihn heilig hielt, bei ihm schwor usw.: es war ja eine Beschlagnahme des freien Wesens für einen Staat, und zwar als Zeichen der Macht und Gewalt, des Triumphes über andere Völker. War es Hoheit des Denkens, was sich mit dem majestätischen Bilde des Vogels schmückte? Konnte der menschliche Herrscher die Symbolkraft des Signums erfüllen, das er sich aneignete? Wohl nur in einigen wenigen Fällen.
Deutsche Kaiser und Könige regierten seit Karl dem Großen unter dem Zeichen des Adlers. Ob sie Heere

45 *Relief aus dem Palast Assurnassirpals II.*

Faustina, die vergöttlichte Kaiserin, wird vom Adler zum Himmel getragen. Sesterz des Antoninus Pius

führten, ob sie durch die Macht ihres Adler-Siegels Völker zugrunderichteten oder über Einzelne, über Sippen und Städte das Todesurteil fällten, auf dem Boden der Macht entfaltete sich unter dem mißverstandenen Bilde des Adlers die Blüte unserer Kultur. Alles, was das »Heilige Römische Reich Deutscher Nation« unternahm, geschah unter dem Zeichen eines nicht mehr in seiner hohen Universalität erkannten Adlerwesens. Doch nicht nur Deutschland benutzte (auf Schilden, Siegeln, Münzen, Wappen, Orden) den Adler: Napoleon machte ihn zum Heereszeichen und umgab seinen Sohn mit einem gewissen Adlerkult.
1325 erschien zum ersten Mal auf einer Münze der doppelköpfige Adler. Der Doppeladler des byzantinischen Reiches ging auf Rußland über. Um den Ausdruck der Macht und Stärke noch zu vergrößern, vereinigte man den Adler mit dem Löwen. Das lebensstarke Volk der alten Sumerer schuf Imdugud, den Adler mit Löwenhaupt. Dieses Motiv aus dem dritten Jahrtausend v. Chr. ist in vielfältigem Wechsel der Formen bis in die heutige Volkskunst der Mittelmeerländer aufzufinden. Auf bayrischen und hessischen Münzen trägt der Adler den Kopf eines Löwen. Viele Siegel, Wappen und Münzen stellen Adler und Löwen halbiert nebeneinander. Geflügelte Löwen mit Adlerhaupt vermitteln das Bild der Greifen, die die Hüter des Sonnengoldes wurden, als Manu mit seinen Hierophanten in Mittelasien die Oase der Weisheit gründete. In der Mysteriensprache bedeuten die Greifen: »Hüter der Sonnenweisheit«. In den Mithras-Sonnen-Mysterien bezeichnete der Name »Greif« den höchsten Einweihungsgrad. So ist auch die Beduinen-Sage, daß Alexander der Große nach seinem Tode von Greifen in den Himmel getragen wurde, keine phantastische Fabel. Es steht dahinter sein geistiger Auftrag, seine Mission, die heute noch auf ihre Erfüllung wartet.
Eine bedeutungsvolle Erscheinung der geistigen Wesenheit des Adlers findet sich im Alten Testament: Die Vision, die dem Propheten Hesekiel zuteil wurde – in hellster Feuerwolke vier Tiere, gestaltet wie Menschen, jedes hatte vier Angesichter, das eines Menschen, eines Löwen, eines Stieres und eines Adlers – gehört zu den Mysterien-Erkenntnissen, die Rudolf Steiner als menschenbildend erläutert. Der Mensch ist der Zusammenklang der geistigen Wesenheiten dieser Tiere und seines Engels, seines Cherub. Aus dieser Wahrheit sind später die Symbole der Evangelisten entstanden: der Stier für Lukas, der Löwe für Markus und der Johannes-Adler. Johannes ist charakterisiert durch sein Überfliegen der Gegenwart, durch sein Wirken in die Zukunft hinein. Er, der an der Brust der Gottheit lag und ihr am nächsten zugehörte, wird für die Zukunft als Götterbote des Höchsten die Menschheit zu der Stufe der Gedankenkraft des neuen Be-

47 *Mosaik aus dem Großen Palast, Konstantinopel*

wußtseins erheben. Diese Gedankenkraft, die sich in der Haupt-Natur des Adlers spiegelt, soll den Menschen der kommenden Welt zu seiner geistigen Mission befähigen.

Werden wir dem, was durch den johanneischen Adler auf uns zukommt, gewachsen sein? Mythische Bilder bezeugen uns des öfteren, daß die Kraft des Menschen nicht ausreichte: Der Adler erbot sich, den sumerischen Helden Etana, der ihn aus der Grube der Schlange befreit hatte, ins Reich der Sonnengöttin zu fliegen, um ein heilendes Kraut zu holen. Aber Etana versagt. Er stürzt hinab in die Tiefe. Auch hinter dem Schicksal des Ikarus steht menschliches Versagen.

Nach der Zeitenwende entfernte man sich von der Vorstellung der reinen Mythe. Einerseits übte das Signum des Adlers auf Siegel und Wappen herrscherliche Autorität aus, andererseits begann man, den Adler-Vogel als sinnfälliges Tier für menschliche Zwecke zu gebrauchen. Dies geschah aber in Formen, die durch den Aberglauben des Mittelalters geprägt wurden, in dem manchmal noch Bilder alter Mythen erkennbar wurden. Da heißt es: der Adler hat helfende und heilende Kräfte. Er schützt vor Blitz und Sturm und wird als Machthaber über den Sturm angesehen. Wer Adlerfleisch ißt, wird mit magischen Kräften begabt, er kann zaubern. Die Adlerklaue wehrt auf Island Feuersbrunst ab, die Adlerzunge gewährt überirdische Kräfte.

Viele dieser medizinischen Anweisungen des Mittelalters erscheinen uns grotesk. Bedeutsam aber ist die Überlieferung, daß die Adlerfeder das menschliche Gedächtnis stärkt. Der anfängliche Eindruck eines Aberglaubens beginnt sich zu lösen, wenn wir uns mit der Aussage Rudolf Steiners beschäftigen, daß die Kraft, die beim Menschen die Gedankenfähigkeit

Adler zwischen Sonne und Mond. Apokalypse von St. Sévère. Paris, Bibliothèque Nationale

schuf, dieselbe Kraft ist, »die dem Adler in den Lüften sein Gefieder gibt... Eine Feder enthält für denjenigen, der die Sache durchschaut, etwas Ungeheueres: sie enthält das Geheimnis der Gedankenbildung.«

Wenn in Böhmen das Wappentier St. Wenzels als menschenhäuptiger Adler dargestellt wird, zeigt sich darin dieselbe Erkenntnis, die Verbindung des königlichen Vogels mit dem Teil der menschlichen Erscheinung, der Gedankenträger ist, dem Haupte, aus dem die Ideen weiser Staatsführung geboren werden. Viele Erlebnisse mit Adlern werden von Kaisern und Königen erzählt.

Eine der eindrucksvollsten Dokumentationen des heilbringenden Vogels mögen die sechsunddreißig goldenen Adler gewesen sein, die Titurels Gralsburg schmückten auf dem Kreuz eines jeden ihrer Türme. Seit Tausenden von Jahren hat der Mensch seinen Intellekt gebildet, seine Vogelnatur, sein Verlangen, ganz Kopf, ganz Gedanke zu sein. Diesem Denken in seiner Vereinseitigung entstammt auch die moderne Naturwissenschaft, die sich in ihrer Weise des Vogels annimmt: die Ornithologie zeichnet mit ungeheurer Intensität Beobachtungen und Forschungsergebnisse über die verschiedenen Arten der Adler-Vögel auf. Die Physis des einzelnen Vogels ist bis ins Kleinste, bis in die Anzahl der verschiedenen Federn, der Reaktion auf Licht, Flughöhen und Geschwindigkeiten registriert worden. Aber die Ornithologie hat eine Wendung begonnen, die durch Simone Jaquemard charakterisiert wird:

»Für uns moderne Menschen, die wir weder Träumer noch Dichter und weder Priester noch Schamane sind, bleibt trotz allen exakten Wissens ein Rest von Rätsel und Bewunderung für diese Geschöpfe, die sich selbst in die Lüfte schwingen können, nach einem bestimmten Plan gewaltige Wanderflüge unternehmen und stets dorthin zurückkehren, von wo sie ihren Anfang genommen haben, um hier mit einer neuen Generation den Kreislauf des Lebens fortzusetzen. *Es gibt noch Geheimnisse auch in unserer Zeit.*«

Wenn wir auch im einzelnen nicht mehr wissen, was in den früher geheim gehaltenen Riten, zum Beispiel der Adler-Einweihungen, vor sich ging, welcher Schulung es bedurfte, den hohen Mysten-Grad der Adler-Eingeweihten zu erreichen, wenn es auch heute kaum mehr möglich ist, sich eine Vorstellung davon zu machen, mit welchen Kräften es möglich wurde, nicht nur den geistigen Flug, sondern auch den Wunderflug des Körpers zu verwirklichen[1], sehen wir heute doch ein neues Verhältnis zum Übersinnlichen: Nach einer Epoche des nur sinnlichen Wahrnehmens wächst im Menschen die Sehnsucht nach der Welt des Geheimnisses. Allerorten entstehen Fragen nach dem Zugang zu Welten, die bisher als verschlossen galten.

So wurden Hinweise über den Adler gegeben, die außerhalb der experimentellen Wissenschaft liegen: Der Vogel, der in seinem Leben ein »warmes Luftwesen« ist, ein Bewohner des Wärmeäthers in unserer Erdenumgebung, hat noch nach seinem Tode einen geistigen Auftrag: »Das Leben der Tiere ist nicht abgeschlossen, wenn sie sterben. Sie haben eine Bedeutung im Weltenall... Es fliegt die vergeistigte physische Materie der Adlernatur hinein in die Welten, um sich zu vereinigen mit der Geistmaterie des Geisterlandes.«[2]

1 Rudolf Steiner, »Unsere atlantischen Vorfahren«: »So konnten die Atlantier das beherrschen, was man Lebenskraft nennt. Wie man heute aus den Steinkohlen die Kraft der Wärme herausholt, die man in fortbewegende Kraft bei unseren Verkehrsmitteln verwandelt, so verstanden es die Atlantier, die Samenkraft der Lebewesen in ihren technischen Dienst zu stellen... So wurden die in geringer Höhe schwebenden Fahrzeuge der Atlantier fortbewegt. Diese Fahrzeuge fuhren in einer Höhe, die geringer war als die Höhe der Gebirge der atlantischen Zeit, und sie hatten Steuervorrichtungen, durch die sie sich über diese Gebirge erheben konnten.«

2 Rudolf Steiner, »Der Mensch als Zusammenklang des schaffenden, bildenden und gestaltenden Weltenwortes«, Vortrag vom 21. Oktober 23, GA 230

Was der Mensch nicht kann, ist Aufgabe des Vogelgeschlechts: die vergeistigte irdische Materie dem Weltenall zu übergeben. Diese geistigen Wirkungen sind da, »wie die physischen Wirkungen da sind, und sie sind wesentlicher als die physischen Wirkungen. Denn das, was da hinausstrahlt in das Geisterland, das wird fortwirken, wenn die Erde längst zugrunde gegangen ist.«[3]

Zu dem Bild der erdüberdauernden Geistsubstanz des Adlers gehört, daß er zu den ältesten des Vogelgeschlechts zählt. »Jedem Adler sieht man die Erdenjahrtausende an.« Er lebt noch von den himmlischen Kräften des Erdenbeginns. »Der Adler ist das stolze Tier, das nicht mitmachen wollte die feste Erdenentwicklung.« Wie jedes Wesen ist er ein mächtiges Schriftzeichen, ins Weltenall geschrieben. Er kann uns heute noch das Bild der väterlichen Urmacht vermitteln, des Weltenherrn, der herrscherlichen Kraft und auch der heilenden Hilfe. Er ist in der Anschauung der Trinität der Älteste, der Erste und der Höchste.

3 Rudolf Steiner, »Der Mensch als Zusammenklang...«, Vortrag vom 27. Oktober 23.

Rembrandt: Abraham vor Jehova (der mit Adlerflügeln dargestellt ist). Dresden, Kupferstichkabinett

Holzschnitt des 15. Jahrhunderts

Der Phönix

Die rätselhafte Erscheinung des Vogels Phönix, der in den Überlieferungen des alten Ägypten und Arabien, später aber bis in die ersten Jahrhunderte des Christentums als historisch angenommen wurde, ist auch in Mittelamerika zu finden. Zum großen Erstaunen der Mythologen lebt dort heute noch ein prächtiger Vogel, den man nach der Beschreibung des »Physiologus« für den irdisch inkarnierten Phönix halten könnte: »Ist aber der Phönix ein noch lieblicherer Vogel als der Pfau; denn des Pfaues Flügel schimmern von Grün und Gold, die des Phönix aber von Hyazinth und Smaragd und kostbarem Edelgestein, und ein Krönlein trägt er auf dem Haupte und eine Kugel hat er zu seinen Füßen gleich einem König. Aber alle fünfhundert Jahre macht er sich auf zu den Zedern des Libanon, und da füllt er sich seine Flügel ganz an mit Wohlgerüchen, und dies zeigt er dem Priester der Sonnenstadt an.«[1]

Der mittelamerikanische Quetzal wird von der Bevölkerung heilig gehalten, und ihn umgibt derselbe Mythos von Verbrennung und Auferstehung, wie wir ihn vom arabisch-ägyptischen Phönix kennen. Man stutzt vor der Doppelerscheinung des mythischen und des sichtbar lebenden Vogelwesens. Könnte man vermuten, daß sich der Vogel den Kolonisationszügen der Atlantier anschloß und aus dem Vogelland der dritten Atlantierrasse im mediterranen Raum eine neue Heimat fand?

Ornithologisch kann man ihn nicht fassen, denn nie war von zwei oder mehr Phönixen die Rede. Er, der eine Erhabene, erschien, wenn der Merkur durch die Sonne ging, aus Weihrauch und Myrrhe sein Nest bereitend, in dem er sich verbrannte, um nach drei Tagen in Schönheit und Jugend wieder zu erstehen.

Wie Archal-Herakles, der Sonnen-Heros, den selbstgewählten Tod durchmachte und das Leben wieder

1 Der Physiologus. Übersetzt von Otto Seel, Zürich/Stuttgart 1960

erlangte, so wurde der Phönix das Bild des sich opfernden Siegers über den Tod, ein Seelenwesen, dem Merkur nahe verbunden, das zu den großen Erscheinungen der Prophetie auf den kommenden Christus gehörte.
Ursprünglich ist wohl der Sohn des Stammvaters Agenor nach den Mysterien, die er pflegte, Phönix genannt worden. Wiederum nach ihm trug sein Volk, trugen die Phönizier ihren Namen, der also eigentlich ein Mysterienname ist. Sonne, Merkur und Phönix waren die in wechselseitige Beziehungen tretenden Inhalte dieser Mysterien, die einen hohen kulturellen Einfluß nicht nur auf Zeitgenossen in weitem geographischen Umkreis ausübten, sondern auch zukunftweisend das sonnenhafte Christuswesen ahnten und verehrten in Herakles, »in dem die Kraft des Feuerlichtwesens triumphiert.«[2] Das Zentral-Mysterium des Heraklesdienstes aber war der Phönix.
Merkur wird (nach Schelling) in der aus phönizischer Weisheit inspirierten Kabirenlehre von Samothrake wiedererkannt und als vierter Kabir beschrieben, dessen Name bedeutet »der vor dem Gotte hergeht«. Also eigentlich verehrte man in ihm den Erzengel Michael als Herold des »unbekannten, des kommenden Gottes«.
Wenn nun in langen astronomischen Zeitabschnitten von fünfhundert Jahren der Merkur durch die Sonne ging und eine Berührung des Vorverkünders mit dem höchsten Wesen, das er verkündete, stattfand, »dann wurde der Merkur als Phönix erlebt«. Er wurde nicht nur mit ihm verglichen, sondern direkt als Phönix bezeichnet. Das griechische Namenswort Phoinix, mit dem die Griechen ja das Volk der Phöniker (Phoinikes) bezeichneten, entstammt ursprünglich dem ägyptischen BN-W (benu), was »der Wiederkehrer« bedeutet, und da die Phoiniker die Mysterien des BENU = Phoinix pflegten, wurden sie so genannt[3]. Die Zeichen in der Hieroglyphenschrift für BENU, den Wiederkehrer (oder die »Wiederkehrungen«) sind diese:

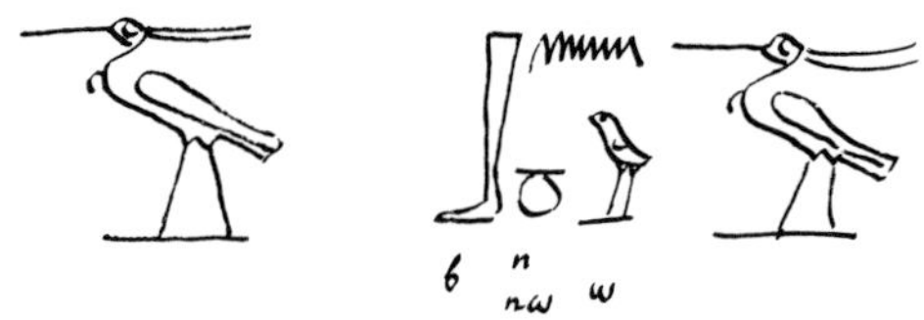

Hieroglyphe *voll ausgeschrieben*

Aus Mittelarabien, dem Gebiet des Gartens Eden (Nedschd), flog der Vogel, der seine paradiesischen Wesenszüge bewahrt hatte, nach dem Sonnentempel von Heliopolis, um dort das Mysterium von Tod und Auferstehung zu vollziehen. Doch nicht nur der Garten der Genesis als Ursprungsland des Phönix deutet auf die Phönix-Erscheinung und ihre Mysterien in der alttestamentarischen Zeit: immer wieder sind im Alten Testament und in den jüdischen Legenden Hinweise auf Phönix-Eingeweihte zu finden.
Hiob, der große Dulder, wird vom Propheten Ezechiel mit Noah und Daniel zu den »Gerechten«, also zu den Eingeweihten gezählt. Und er selbst vergleicht sich mit dem Phönix: »So dacht ich, meine Tage werd ich mehren, dem Phönix gleich in meinem Neste sterben.« (Hiob 29, V. 18). Auch im prophetischen Lobgesang von Jesaias findet sich ein Hinweis auf die Phönix-Mysterien. Es heißt da über Immanuel: »Butter und Honig wird er essen«. Dieses war die Speise, die man den Phönix-Eingeweihten nach der Initiation reichte. In ganz besonderer Weise scheint aber in der salomonischen Zeit ein Zusammenhang der alttestamentarischen Welt mit den Ländern der Phönix-Mysterien bestanden zu haben. König Hiram von Tyrus, der von

2 Vgl. S. v. Gleich, »Marksteine der Kulturgeschichte« S. 174

3 Karl Friedrich Althoff, »Kommen und Erscheinen des ›Ich‹«. In: Die Christengemeinschaft, Januar 1971

986–947 v. Chr. regierte, war ein Eingeweihter des phönikischen Herakles- und des sabäischen Phönix-Mysteriums. Die biblischen Bücher der Könige und der Chronik melden von ihm, wie sehr er mit König Salomon befreundet war und wieviel Hilfe er ihm mit Freuden beim Bau des Tempels zuteil werden ließ. Es ist da von 666 Zentnern Goldes die Rede, die Salomon in einem Jahr erhielt. Hiram baute in den Salomonischen Tempel die gleichen kostbaren Säulen ein, wie er sie in seinem Herakles-Tempel in Tyrus eingefügt hatte. Sie waren als Kultsymbole dem Feuer und dem Geist geweiht. Wie erwähnt stand der Phönix im Mittelpunkt des Herakles-Dienstes.

Gerüchte über die salomonischen Schätze (der Weisheit und des Gold-Reichtums, die Salomon seinem Freunde Hiram verdankte) drangen zu der Königin von Saba, die nun ihrerseits Salomon aufsuchte. Die Verbindung der drei Herrscherhäuser von Kanaan, Saba-Äthiopien und Phönizien scheint nachzuvollziehen, was 1000 Jahre früher zur Zeit Abrahams geschah, als durch die Mysterienströmung des Melchisedek das Zentralgeheimnis Arabiens, das Mysterium vom Sonnenwesen Phönix von Saba nach Kanaan gebracht wurde. Dort ist es zuerst in Jerusalem, später in den phönizischen Tempeln weitergepflegt worden. Denn in den Tempellehren von Tyrus und Sidon finden wir es wieder.

Über große Räume der mediterranen Welt erstreckte sich die Wirkung der Phönix-Kulte: Orpheus, Perseus, Archal-Herakles, Kadmos, Homer, Pythagoras werden als Eingeweihte bekundet. Die gesamte altgriechische Kultur ist ohne die mächtigen Einflüsse der phönikischen Mysterien gar nicht zu denken. Der mythische Bericht, daß die von Zeus geraubte Europa die Tochter des Phönix war, unterstützt diese Vorstellung.

Wie weit auch der geistige Einfluß der Phönix-Kultur reichen mochte: der heilige Vogel selbst ist immer nur auf dem Hintergrund des »glücklichen Arabien« zu erkennen, jenes paradiesischen Hochlandes, von dem es heißt, »daselbst findet man Gold. Und das Gold des Landes ist köstlich; da ist das Edelharz (Weihrauch) und der Stein Chrysopras.« In diesem üppigen, fruchtbaren und gesegneten Land entwickelte sich die Kultur der Sabäer, deren Ärzte, Chemiker, Ingenieure die unseren wahrscheinlich weit überragten. Ein brüderlich-christlich anmutender Wirtschafts-Sozialismus lenkt unseren Blick auf Ordnungen, die uns heute erst als Zukunft vorschweben.

Das Diadem der Erde nannte man das Land, in dem die schönsten Menschen lebten, die Frauen ohne Schmerzen gebaren, in dem ein Überfluß an Kräutern, Gewürzen, Balsamen und edelsten Palmen das Leben verschönte. Unter den Palmen begegnet uns wieder der heilige Name »Phönix«. Die sprichwörtlich berühmte Dattelpalme (phönix dactylifera) der fruchtbarsten Gegend Arabiens ist das Symbol des Lebensbaumes, der neben dem Baum der Erkenntnis im Garten Eden steht. Nach altpersischem Glauben hat der Lichtgott Ormuzd diesen zum obersten Baum geweiht, durch den die Toten später das Leben erhalten. Die ersten Christen stellten in den Katakomben die Phönix-Palme – und auch den Vogel Phönix – als Zeichen der Auferstehung dar.

Das älteste Symbol aber, das über alle Jahrtausende hinweg bis in unsere christliche Gegenwart hinein seine Wirkung erhielt, ist das uralte kosmische Zeichen der Phönix-Mysterien: *die Sonnenscheibe, die in der Mondschale ruht.* Nach Rudolf Steiner ist das Bild des Sonnengeistes, der sich in die Schale der irdisch gewordenen Materie ergoß, das Symbol des heiligen Grales! Auf den Altären Sabas war es das vorherrschende Mysterien-Zeichen. Diese vorchristliche Gralsströmung floß dann nach dem Ereignis von Golgatha mit der des Josef von Arimathia zusammen, und später sind in der Dichtung von Wolfram von Eschenbach Motive von beiden zu erkennen. Neben der christlichen Vorstellung der Schale mit dem Heiligen Blut taucht im »Parzival« auch die Verbindung des Phönix mit dem verjüngenden »Stein der Weisen« auf, dem Gral, der dann die esoterische Mitte der Rosenkreuzer-Bewegung und der Alchemie bildete. Von den Gralsrittern heißt es:

> Sie leben von einem Stein,
> dessen Art muß edel sein.
> Ist auch der noch unbekannt,
> sein Name wird euch hier genannt:
> Er heißet Lapis exilis.
> Von seiner Kraft der Phönix
> Verbrennt, daß er zu Asche wird,
> Und dann der Glut verjüngt entschwirrt.
> Der Phönix schüttelt sein Gefieder
> Und gewinnt so lichten Schimmer wieder,
> Dass er schöner wird als eh'...
> Solche Kraft dem Menschen gibt der Stein,
> daß ihm Fleisch und Gebein
> wieder jung wird gleich zur Hand:
> Dieser Stein wird Gral genannt.

In den folgenden Jahrhunderten gab es unter der Oberfläche des Bekenntnisglaubens verborgen lebende Menschenkreise, die das Wissen über den Phönix und den Gral bewahrten[4].

Daß noch heute in der Monstranz ein kultisches Bild des Grales lebt, des alten kosmischen Symbols auf sabäischen Altären – die Menschenseele als Schale für den Sonnengeist darstellend – ist selbst gläubigen Christen kaum mehr bewußt.

Um das Bild des Phönix zu vervollkommnen, ist noch einmal auf seine eingangs erwähnte Merkur-Wesenheit einzugehen. Im Merkur-Zeitalter (1650–1300 v. Chr.) wirkten die Kräfte des ägyptischen Hermes Trismegistos zugleich mit den tief eingeweihten Geistesboten der phönizischen Mysterien. Der Phönix prägt in Gemeinsamkeit mit Hermes-Merkur diese Epoche, die eine Vorahnung des unbekannten Gottes war, der die Himmelskräfte der Erde einverleibte. Ein bildhaf-

4 siehe Karl Heyer, »Geschichtsimpulse des Rosenkreuzertums«, 2. Auflage 1959

Äthiopisches Fragment eines Weihrauchaltars.
Oben: Münze, Mondsichel und Scheibe zwischen griechischen Buchstaben, nach H. Helfritz, Äthiopien

tes Vorgeschehen der Ereignisse um die Zeitenwende fand schon fast 2000 Jahre vorher in den alten Kulturländern statt: Nicht allein die Prophetie teilte sich den Sehern mit, es existierte damals gleichsam als Vorahnung eine schöne, blühende Erdenkultur mit allen Reichtümern geistiger Kraft und irdischer Geschicklichkeit eines fähigen Menschengeschlechtes. Sie wurde inspiriert durch die Vielgestalt des ägyptischen Thot-Hermes, der zugleich das Geistwesen des Vogels Phönix war.

Als ägyptische Gottheit kann Hermes-Merkur als der Eine, aber auch als viele andere auftreten. Er ist der Sohn des Sonnengottes Re, zugleich aber der Dreimal Allerhöchste. Er stellte die Verbindung der Himmelskräfte her mit dem Stoff, der Materie, die unseren irdischen Raum erfüllt. Die Hermes-Mysterien waren der Uranfang der spirituellen Wissenschaft über den erdenmütterlichen Stoff (chemi). Die sinnlich-übersinnliche Ur-Chemie oder Alchemie war durch die hermetische Weisheit verbunden mit der Medizin. Hermes wurde zum Helfer des irdischen Menschen, indem er ihn lehrte, die Materie zu beherrschen. Seither wuchs das Interesse des Menschen an der Materie. »Thot inaugurierte somit, wenn der paradoxe Ausdruck gestattet ist, aus den Mysterien heraus den Materialismus.«[5]

Im Merkur-Zeitalter wurde Thot-Hermes in seiner Mission, die himmlischen Geisteskräfte mit der Erde zu verbinden, als Begründer aller Kultur verehrt, aller Wissenschaften und Künste, besonders aber als Schriftführer des Geistes. Er inspirierte die Ägypter und auch die Sumerer zur Erfindung der Schrift, die

5 S. v. Gleich, »Geisteswissenschaft«. S. 94 ff.

Der indische Wundervogel Garuda, den Vishnu und seine Gemahlin tragend, entspricht dem chinesischen Feng (Phönix). Indische Miniatur

kultisch geübt wurde. Zugleich war Merkur-Hermes aber auch der Gott des Handels und der Kolonisation. Unter seinem Zeichen standen alle Unternehmungen der Phönizier, Ägypter und Zweistromland-Völker. Geschützt von einem sozial vollendet durchgebildeten Staatswesen, vollzog sich der sabäische Handel im menschlichen Vertrauen, in Ehrlichkeit und Gerechtigkeit. Noch Theophrast berichtet von den alten Handelssitten: das ganze sabäische Gebirge entlang seien Haufen von Weihrauch und Myrrhe aufgeschüttet. Wächter seien nicht nötig. Auf Täfelchen sei der Preis angegeben. Die Kaufleute nähmen sich die kostbare Ware, legten das Entgelt hin, und der Eigentümer komme danach und hole es sich ab. – Ein Drittel wurde dem Tempel abgeliefert. Die griechische Darstellung des Hermes als Gott der Diebe und als listiger Götterbube hat nichts mehr mit den Phönix-Mysterien zu tun. Tod und Auferstehung des heiligen Vogels gehörte zur christlichen Verkündigung und wurde von den Kirchenvätern (bis zu Augustinus) für eine real wahrnehmbare Begebenheit gehalten. Heute ist die alt-heidnische Phönix-Mythe nicht nur Symbol, sondern wir sehen in ihr eine von Uranfang lebendige Offenbarung der Wesenheit, die »von Anfang an war« und die von Zeit zu Zeit ihren Erdenstern durchwirkt und durchleuchtet.

In der gegenwärtigen Epoche des Michael können wir die in alter Weisheit bekannten Zusammenhänge von Michael, Merkur und Phönix neu ins Bewußtsein heben. Im Einklang mit seinen »Genossen« auf der Erde, die oft höheren Sinnes sind als er selbst, läßt sich der Mensch vorbereiten auf die Ereignisse der Jahrtausendwende, in der er vielleicht *in* sich die Kräfte des Phönix erzeugen muß. Es könnte sein, daß in unserer nächsten Zukunft ein Wort Tertullians an Bedeutung gewinnt: »Sollte die Menschheit untergehen, während die Vögel Arabiens der Auferstehung gewiß sind?«

Aus der »Reise nach Jerusalem« des Johannes von Mandeville, deutsch von Otto von Diemeringen, 1471. Stuttgart, Württembergische Landesbibliothek ⊳

»Es liegt auch in Egypten ein Statt, heisset Eliopol oder Sola, das ist zu deutsch so viel als der Sonnen Statt. Darin ist ein groß Tempel, der gleichet sich etwas dem Tempel zu Jerusalem, und hat die Pfaffheit desselben Tempels in ihren Büchern geschrieben die Zeit und Stunde des einzigen Vogels in der Welt, der da heißet Phönix, wann er sterben und wiedergeboren soll werden... Und so die Zeit kommt, da er sich verbrennen soll, so legen die Pfaffen Dorn und lebendig Schwefel und andere Kräuter auf den Altar, und auf die Stunde, da er fünfhundert Jahr gelebet hat, kommt er auf den Altar geflogen, und von dem Winde, den er bringet, so entzündet er sich die Dorn und den Schwefel und darin verbrennet er zu Asche. Und so das Feuer erlöschet, so findet man des Morgens ein kleines lebendiges Würmlein in der Aschen. Des anderen Tages wird das Würmlein zu einem Vogel. Des dritten Tages wird er vollkommen und fliegt hinweg. Und daher vergleicht man denselben Vogel mit unserem Herrn, der des dritten Tags von dem Tod erstand. Auch siehet man denselben Vogel oft in Egyptenland fliegen und etwan in Arabien und ist etwas größer denn ein Adler, und hat eine Krone auf dem Haupt, größer als ein Pfau hat, und ist ihm der Hals schimmernd und der Schwanz gestriffelt über und über mit roten Strichen. Sein Fittich sind purpurfarben und der Rükken blau. Und so die Sonne scheinet auf ihn, so ist er gar lustig zu sehen, wann er glisset und zeiget alle seine Farben...«

Die Taube

Süßen Honig stäubt das Wiesenland,
und der Südwind bringt Geruch von Reben.
Wo zuvor die dunkle Wolke stand,
seh ich silbern eine Taube schweben.

Sind die bittren Wasser abgeflossen,
und die Erde ist nicht mehr verflucht?
Oder hat der Geist sich neu ergossen
und sein Volk der Tröster heimgesucht?

WERNER BERGENGRUEN

Heutige Menschen, besonders Städter, haben Tauben nicht sehr gerne. Die in großen Völkern erscheinenden Vögel verschmutzen Häuserfronten, Balkons und Denkmäler. Sie stören Schlafende und fressen das Futter auf, das im Winter den kleinen Vögeln zugedacht ist. Man sollte aber ein anderes Erscheinungsbild nicht vergessen, das sich in einem kleinen Erlebnis ausdrückt: Ein Taubenvolk belebt unser Städtchen und gehört so zu dem Gemäuer des alten Torturms wie zu unserm Alltag, daß man die Vögel kaum mehr beachtet. Kürzlich aber sah man unsere sonst so gemütlichen Tauben unmotivierte artistische Schwünge um den Turm vollführen. Nicht Kreise oder Spiralen flogen sie, wie es oft zu beobachten war; heute schwangen sie sich in steilen, sich immer wieder ändernden Ellipsen auf und nieder, dennoch den Turm als Mittelpunkt dieser Figuren bewahrend. Es schien, als ob sie in rasendem Flug die Ekliptik der Erde nachahmen wollten. Keine der Tauben führte den Zug, keine geriet aus der Linie des Flugkörpers, der wie ein einziges geschmeidiges Wesen den Turm umjagte. Welch ein Enthusiasmus hatte unsere Tauben ergriffen? War doch die Luft weich und milde durchsonnt, mehr zur Ruhe als zum Spiel einladend! Welch ein Seelensturm hatte die als ruhig bekannten Vögel ergriffen? Im Abendglanz schienen die Gefiederten zu reinem Silber und zu blauen Funken zu werden, bis sie sich in gradem Himmelsweg zur untergehenden Sonne wandten, in deren Strahlen sie dem Auge des Menschen entschwanden. Angesichts dieser lichthungernden Vögel kann man an wissenschaftliche Tests in Moskau denken, die beweisen sollen, daß Tauben besser noch als Menschen in der Lage sind, Fertigungsfehler an Maschinenteilen zu entdecken und diese mit Hilfe eines Gerätes zu bezeichnen. Ebenso könnten sie 33 geschriebene Zeichen unterscheiden und seien geeignet, Briefe nach einem bestimmten System zu sortieren. Durch ihre Dienste wären Tausende von Arbeitern für intelligentere Auf-

gaben freizustellen. Die Taube als billige Fabrikarbeiterin! Merkwürdigerweise hat sie aber in den sozialistischen Ländern noch eine andere Mission: im dortigen »Kampf« gegen alte Ideologien wurde sie als einziges überlebendes Symbol aus »imperialistischen Zeiten« zum Signum des Friedens erwählt.
Während der Alltag in den Großstädten die Taubenscharen befehdet, ohne das Problem ihrer Überzahl zu lösen, während die Verhaltensforscher diese »Friedensvögel« grausamer Aggressionen überführen, gelangt die Taube in unserer Zeit entmythologisierender Tendenzen wieder zu einem gewissen Pathos der Heiligkeit. In der modernen Kunst (Picasso, Chagall, Braque, Max Ernst) behauptet sie ihren Platz als visionäres Symbol.
Im heutigen Zeitalter der Massenproduktion werden aber auch Millionen von Taubenbildchen gedruckt, die in unkünstlerischer Weise den »Heiligen Geist« darstellen sollen. Man wagt, den vielen hungernden Seelen der Kinder das Symbol in billigster Ausführung vorzusetzen, und man erntet täglich, was sich aus dieser Erziehung entwickelt.
Ein Sonderkapitel ist das Verhältnis der Brieftaubenzüchter zu ihren Vögeln: sie pflegen sie bestens, gelten überhaupt als sehr reale Tierfreunde, aber sie stellen auch hohe Anforderungen an ihre Zuchtobjekte. Was bedeuten die Rekordflüge für die Tauben? Anstrengung bis zur letzten Kraft, um die Heimat zu erreichen. Oft werden die Tauben aus noch nicht vollendeter Brut oder von Jungvögelnestern fortgenommen, um ihre Sehnsucht nach der Heimat zu erhöhen. Der Mensch nutzt die Not der Sehnsucht dieses Vogels, um eigenem Züchterehrgeiz Genüge zu tun.
Noch in der Zeit unserer Großväter galten »Meine Taube« und »Mein Täubchen« als Liebesbezeichnungen. Wie wunderbar singt Salomon im Hohen Lied: »Aber eine ist meine Taube ...« Heute würde es ein junges Mädchen als Spott empfinden, wenn man sie so anredete. So weit ist es heute zwischen dem Menschen und seinem alten heiligen Liebesvogel gekommen!
In den vorchristlichen Kulturen war die Taube der Vogel der Licht-Göttin Istar und der Aphrodite-Venus, den Göttinnen der Liebe und der Fruchtbarkeit! Sie galt als segensreiche Förderin der Konzeption (auch Hippokrates verordnete Taubenfleisch als Mittel in diesem Sinne). Sie war Helferin und Heilerin in jeder Beziehung. Daß in vielen Sagen Kinder, die in Gefahr gerieten, von Tauben ernährt wurden, hängt wohl damit zusammen, daß die Taube tatsächlich einen milchartigen Brei in ihrem Kropf produziert, der Ähnlichkeit mit der Muttermilch von Mensch und Säugetieren hat. (Diese wie jene können durch das Hormon Prolactin angeregt werden.) Wahrscheinlich bestehen Zusammenhänge zwischen dieser Begabung der Tauben und den Berichten der Mythe über sie. Zeus wurde als Kind von zwei Tauben ernährt und getränkt. Eine Taube brütete Venus Anadyomene aus einem Ei, das vom Himmel in den Euphrat gefallen war. Um Semiramis spielen verschiedene Tauben-Legenden. Diodorus berichtet: Aphrodite, durch Derceto beleidigt, straft diese durch ein schweres Liebes-Schicksal. Derceto stürzt sich in einen See und wird zum Fisch. Ihr Kind, das sie aussetzen ließ, wird von Tauben ernährt. Ein Hirt findet das schöne Mädchen und nennt es Taube, in syrischer Sprache »Semiramis«. Diese gelangt an den Hof des Königs Ninus und wird dessen Gemahlin.
In phönizischer Sprache wird Taube und Priesterin durch dasselbe Wort ausgedrückt. Es ist also bei den alten Überlieferungen nicht genau festzustellen, ob von einer Taube oder einer Priesterin die Rede ist. Es wurde aber bezeugt, daß Tauben auf der Buche des Zeus in Dodona mit menschlicher Stimme weissagten. Auch in Thisbe (Böotien) waren es Tauben, die Orakelsprüche des Zeus verkündeten. Eine weiße Taube gründete als Vogel der Cythere das ammonitische

Orakel. Herodot berichtet von schwarzen Tauben, die das Sinnbild priesterlicher Enthaltsamkeit für die schwarzen Priesterinnen der Ammoniter waren.
Wo immer die Taube im Auspizium, in der Vogelschau erschien, bedeutete sie Glück und Hilfe[1]. Nur bei den Indern und Germanen galt sie, wahrscheinlich bedingt durch ihre traurigen Rufe, als Totenvogel, der in gewisser Weise dem Seelenvogel entspricht. In den Katakomben in Rom werden die Nischen, in denen die Toten bestattet sind oder in denen die Urnen stehen, Columbarien genannt, »Taubenhäuser«, und oft wurden Grabbeigaben in Form von nachgebildeten Tauben gemacht.
Aus der griechischen Klassik des 4. Jahrhunderts ist uns ein Grabstein überliefert, der einem jungen Mädchen aus Paros gesetzt wurde. Er gibt uns ein lebendiges Bild der Verstorbenen, wie sie noch in den Tagen ihres Lebens mit ihren Lieblingsvögeln, zwei Tauben, in zärtlichem Umgang versunken ist. Wie es dem griechischen Wesen entsprach, schimmert aus diesem Monument mehr als die Abbildung des irdischen Daseins: reif und versonnen scheint uns das schöne Antlitz an die andere Welt zu mahnen, in die das junge Wesen schon hinübertrat, vielleicht dort noch mit ihren Tauben weiterspielend. Aber mehr noch scheint aus der engen Beziehung Mädchen und Taube zu sprechen: nach altem griechischem Glauben wurden den unvermählt Gestorbenen die Hochzeitsriten gespendet. Wenn die Jungfrau die Taube liebkost, könnte dadurch ein Anhauch der Liebes-Göttin Aphrodite angedeutet sein, deren heiliger Vogel die Taube war. In der traumhaften Zartheit dieses Epitaphs wird die Taube

1 Ihre helfende Natur wurde besonders im Mittelalter therapeutisch bei den verschiedensten Krankheiten ausgenutzt. Taubenfleisch, Taubenblut, Taubenkot wurden für unsere heutigen ärztlichen Begriffe in absurder Weise für schier sämtliche Krankheiten angewandt. Auch als Helferin bei Blitzgefahr und gegen allen bösen Zauber sah man die Taube, da sie von keinem Zauber berührt wurde.

das Bild des Lebens und des Liebes-Wunsches zugleich mit der Bestimmung, die Tote zu geleiten und ihr auf ihrem Wege Helferin und Gespielin zu sein.

Die Tauben wurden »Gäste der Götter« genannt, weil sie die Tempel bewohnten, ebenso wie sie die Nähe der menschlichen Wohnungen liebten[2]. Die heiligen Stätten der Tempel und Mysterien waren immer von Tauben belebt. Auf Grund der Aussage Rudolf Steiners, daß das Vogelgeschlecht Erdenmaterie vergeistigt und ins Geisterland zurückträgt, kommt Karl König zu der Frage: Könnte es nicht sein, daß den Tauben hier ein besonderes Amt obliegt? Alle Bauten, die der Mensch errichtete, ob sakrale oder dem einfachen Leben des Menschen dienende, sind vom menschlichen Wort »durchwoben«. Ob gut oder böse, diese Wort-Substanz wird durch das Amt der Tauben dem Weltall wiedergegeben. Und hier sieht König die kosmische Aufgabe der Tauben, nicht nur Gäste, sondern Boten der Götter zu sein: »Aus dem Grab der Materie befreit die Taube das Wort des Menschen.«

Mancher mythische Bericht bekundet im Bild dies kosmische Geschehen. Noah wählt die Taube als Orakelverkünderin, und sie ist es, die nach der Aussendung des Raben die rettende Botschaft bringt. Moses erklärt seinem Volk, daß die Taube ein »reiner« Vogel sei, daß man sie essen darf, während Sperber, Kuckuck und alle Raubvögel unrein und für menschliche Nahrung unbrauchbar seien. Weiße junge Tauben wurden als Reinigungsopfer dargebracht, wie es noch im Neuen Testament berichtet wird.

Nachdem die Haus- oder Felsentaube Jahrtausende lang in innigster Gemeinschaft mit dem Menschen und seinen heiligsten Bezirken lebte, ist es verständlich, daß ihre sakrale Erscheinung leicht von der jungen Christenheit aufgenommen wurde. Wenn man sich vergegenwärtigt, daß vor der Zeitenwende ein allgemeines Bild des Verfalls alter Kulturen, auch der jüdischen, sichtbar wurde, daß Krieg, Aufstände, materielles Denken und irdisch-gerichtetes Interesse an Macht und Luxus überhand nahmen, wird es deutlich, welch einen tiefen Eindruck das Erscheinen des Symbols höchster Reinheit auf die nach dem Messias suchenden Menschen machte! Die reine Wesenheit der weißen Taube durfte das Priesteramt erfüllen, den Geist der höchsten Sphäre mit dem Menschensohn zu verbinden, damit in den drei Jahren seines Erdenwirkens sein Werk und seine Mission erfüllt würde.

Daran knüpft Rudolf Steiner an, wenn er von der besonderen Bedeutung der Taube spricht: »Es sind dies Wesenheiten des astralischen Planes, der Welt des Heiligen Geistes, die sich den Luftkreis als ihr Reich bewahrt haben, gleich wie der Mensch die physische Erde, den Erdkreis als sein Reich in Besitz nimmt. Diese Wesen muß man sich auch in der Vogelgestalt vorstellen, wenn sie sich uns physisch sichtbar machen sollen. Daher muß der Schreiber des Johannes-Evangeliums den Heiligen Geist, der in die Bewußtseinsseele des Jesus hinuntersteigt und sie erfüllt als Geistselbst, unter dem Symbolum einer Taube darstellen. Von wunderbarer Tiefe erscheint uns dieses Symbolum, wenn wir es im Zusammenhang mit der Menschenentwicklung betrachten.«[3]

Die Taube des Geistes war seither mit Christus vereinigt, und Er konnte den Auftrag erteilen: »Seid klug wie die Schlangen und ohne Falsch wie die Tauben.« Ohne Falsch ist mehr als sanft und friedfertig – es ist die Weisung für die Zukunft. Durch das Wort des Evangeliums »in Gestalt einer Taube« bleibt sie dem Menschen treu und nahe durch die Wirrnisse aller Jahrhunderte seitdem.

2 Vergl. Karl König, »Bruder Tier«, Kapitel »Die Taube als heiliger Vogel«

3 Rudolf Steiner, »Das Johannes-Evangelium«, Vortrag vom 22. November 1907 in Basel.

Aus dem Registrum Gregorii. Trier, Stadtbibliothek

Josef aus der »Darstellung im Tempel«. Hildesheim, Bernwardstür

Die christliche Kunst bringt das Bild der Taube überall da, wo vom Heiligen Geist gesprochen wird, obwohl in den Evangelien nur bei der Taufe Christi von der Gestalt der Taube die Rede ist. Aber die Kunst benutzte das Bild des Vogels, wo dem Anschauenden nicht Gedankenvorstellungen, sondern Offenbarungen eines lebendigen Geistwesens nahegebracht werden sollen. Die Bilder waren die Berichte für den schlichten, des Lesens nicht kundigen Menschen. Die mittelalterlichen Maler pflegten eine intensive und unmißverständliche Symbolsprache. Nie wird eine Krähe der Madonna oder dem Kinde zugeordnet sein. Die »Muttergottesvögele« waren Tauben und kleine Singvögel. Unzählige christliche Legenden berichten über die Taube als Helferin im menschlichen Leben und kirchlichen Bereich. Papst Gregor empfängt durch die Einflüsterungen einer Taube auf seiner Schulter den Text seiner Schrift über Hesekiel. Eine Miniatur zeigt den Papst mit einem dienenden Mönch, der das so Geoffenbarte aufschreibt.

Die schönste Verehrung genoß die Taube der christlichen Ära wohl durch die »Ritter der weißen Taube« in Spanien, die zur Gralsritterschaft gehörten. Als Beschützer der unschuldig Leidenden und Verfolgten waren sie immer zur Stelle, wo man ihrer bedurfte, wie von unsichtbarer Hand geführt. Im Wappen, im Schilde und auf den Satteldecken trugen sie das Zeichen der weißen Taube, das ihnen Selbstüberwindung gebot, alle niederen Triebkräfte in geistige Erkenntnis zu wandeln. Ihr Auftrag war mit dem Gralsmysterium verbunden. Als Luzifer nach seinem Abfall von den himmlischen Mächten in den Abgrund gestürzt wurde, verlor er aus seiner Krone einen leuchtenden Rubin. Aus ihm wurde die Schale geschliffen, die dem Christus beim letzten Mahle diente. Joseph von Arimathia fing in ihr das heilige Blut auf, das vom Kreuze floß. Später wird sie Titurel und seinem Gefolge anvertraut. An jedem Karfreitag schwebt vom Himmel die Taube hernieder und legt in die Gralsschale eine Hostie. Dann erstrahlt sie in überirdischem Glanz. Dieser Glanz bleibt in den Seelen der Ritter, die das Karfreitagswunder erleben.

Jahrtausende hindurch wurde die Taube wie eine Priesterin verehrt, bis sie als Offenbarerin des Christus einer neuen Welt das Signum verlieh. Sie blieb dem Menschen nahe, gilt ihm aber heute nur als ein in Mengen auftretender, profaner Vogel. Wird der Mensch, der die Sphäre äußerer Katastrophen durchschreitet, ihr Geistwesen wieder entdecken? Wird er sie gemeinsam mit Adler und Phönix als trinitarische Kraft im eigenen Wesen erkennen?

Das Rotkehlchen

Gespräch mit einem Rotkehlchen

Du zogst ihn heraus, zart und behutsam,
Den spitzen Dorn, der die Stirn deines Gottes
grausam verletzte – dir glüht die Brust –
Sag, ist es Freude, was dich bewegt?

Ich leide, Kind! Meine Kraft ist gering,
Sie reichte nur für den einzigen Dorn!
Wann kommt der starke, der liebende Mensch
Und löst barmherzig mit sanfter Hand
Den ganzen Kranz vom Heiligen Haupt,
Sag, wann?

HEDWIG DIESTEL

Mögen wir uns auch angesichts der großen mythischen Vogelgestalten eine gewisse Schau auf ihre Wesenheit verschafft, mögen wir uns ein besonderes Verstehen früherer Beziehungen zwischen Mensch und Vogel erworben haben: ein wirklich tiefgreifendes Studium des »Vogelseins« kann der Mensch wahrscheinlich immer erst vollziehen, wenn lebendige Begegnungen stattfinden, mehr noch, wenn beiderseitige Liebes- oder Freundschaftsbindungen entstehen konnten.

Und so war es auch ein persönliches Erlebnis mit einem Rotkehlchen, das mich veranlaßte, Erkundigungen über seine Gattung anzustellen[1]. Daß mir »zufällig« einer der interessantesten Vögel in die Hände geriet, wurde mir erst im Laufe meiner Studien bewußt. Es zeigt sich gerade am Beispiel des Rotkehlchens, zu welch interessanten Ergebnissen die Forschung über einen einzigen kleinen Vogel führen kann.

Er ist nicht nur aus prometheischer Zeit der Mythe bekannt, nicht nur der Liebling des alten Thor: wir finden ihn in den ersten christlichen Legenden, und im Mittelalter bleibt er das Muttergottesvögele, das jedem Glück bringt, der es sieht, was wiederum mit den vorchristlichen Vogelorakeln in Zusammenhang steht.

In England wird das Rotkehlchen zum besonderen Freund des Volkes, der Dichter, der Künstler, ja sogar der Politiker, bis die moderne Ornithologie den intelligenten, temperamentvollen Vogel als beliebtes Forschungsobjekt erwählt. Der Verhaltensforschung hat er seit mehr als vierzig Jahren wertvollste Erkenntnisse vermittelt, und in dem neuesten Wissenschaftszweig, der Vogelstimmenforschung, beweist er sich als einer derjenigen Vögel, die der Musikalität des Menschen nahekommen – nicht als Spötter oder Nachahmer, sondern als freier Komponist.

So wollen wir versuchen, in kleinem Rahmen ein Bild

1 »Duette mit ihm«, 6. Auflage Stuttgart 1974

des Rotkehlchens zu zeichnen; es soll dies nur eine Anregung sein, den Geheimnissen unserer gefiederten Freunde nachzuspüren.
Manchen Aufschluß gibt allein der Name, mit dem der Mensch durch Jahrtausende in den verschiedensten Sprachbereichen das unscheinbare Vogelwesen identifiziert. Der ornithologische Name ist Erithakos rubecula. Das erste Wort altgriechischen Ursprungs kann man (nach Seiler 1884) als eri = sehr, thakos = Sitz, Sessel, = der Sehr-Verweilende erklären. Die Römer nannten das Rotkehlchen Lisciniola = kleine Nachtigall, verkürzt Lisciola.
Die Heimat des kleinen Waldsängers ist, den höchsten Norden ausgenommen, ganz Europa, und zumeist deutet sein Name auf seine rote Brust und Kehle. Die althochdeutsche Bezeichnung ist rotil oder rotilo. Ihr entspricht das angelsächsische ruddock, das wir in alten englischen Dichtungen finden. Der jetzt gebräuchliche Name des Rotkehlchens in England ist »Robin Redbreast.« Es gibt, besonders auch in den früheren Kolonialländern, viele rotbrüstige Vögel, die der Engländer gern mit Redbreast benennt, aber »Robin Redbreast« ist nur sein geliebtes Rotkehlchen, wie Robin Hood sein Lieblingsheld ist. Das schwedische rödhake, französische rouge gorge und italienische petti rosso weisen auf die rote Signatur des kleinen Vogels hin, ebenso wie das russische maljinofka, das die rote Himbeere in den Vergleich bringt.
Die deutschsprachigen Länder haben den Vogel mit einer Menge von Namens-Varianten bezeichnet, die alle das Rot der Kehle oder Brust hervorheben, außerdem liegt aber auch Zärtlichkeit, die man dem winzig kleinen Waldsänger entgegenbringt, in den Namen: Rötele, ein alemannisches Wort, das bei Gesner angeführt wird, Waldrötele und Winterrötele entstanden daraus; Rotkropflein oder Rotkröpflin (bei Hohberg 1687), Rotkröpfel als österreichisches Wort. Das schriftsprachliche Rotkehlchen scheint aus Mitteldeutschland zu stammen. Das Rotkehlchen kennen wir aus der Angenehmen Landlust 1720. Radkelken ist niederdeutsch (Göttingen). In Ostdeutschland gibt es Varianten mit dem Vornamen Käthe: Rotkätchen oder Kätschrötele, Routschatzla hören wir in Schlesien, Rotkatel in Böhmen. Die weiteste geographische Verbreitung haben die Namen Rotbrust (bei Turner 1554 Straßburg), Rotbrüstle (bei Gesner), Rotbrüsteli.
Wie früh wird der Name des Rotkehlchens durch den Menschen bekundet? Lange vor der ersten »wissenschaftlichen« Dokumentation begegnen wir ihm in der Mythe. Zu den ältesten Tiermythen gehören diejenigen über das Holen des Feuers von der Sonne. Und vornehmlich sind es die beschwingten Vermittler zwischen Himmel und Erde, die Vögel, die bereit sind, nicht für sich, sondern für den Menschen den gefährlichen Flug zur Sonne und dann mit dem Sonnenfeuer zurück zur Erde zu wagen.
Wenn wir hören, daß im alten Indien Agni, das zu Gott gewordene Feuer, als Falke vom Himmel herniederkommt, oder daß der Adler des Zeus Blitze in seinen Fängen trägt, um sie unter die Menschen zu schleudern, so ist es noch der Gott selbst, der die Macht über das Feuer ausübt. Wie sehr wurde Prometheus bestraft, als er es den Menschen brachte, damit sie selbst darüber verfügten! Bei den Vögeln, die das Feuer für den Menschen von der Sonne holten, scheint diese Tat aus dem Wunsche des Menschen entstanden zu sein. Eine wendische Sage spricht es direkt aus, daß die Menschen die Vögel baten, ihnen doch etwas Feuer vom Himmel zu holen. Aus diesem Sagenkreis haben wir Berichte über das Rotkehlchen, und Jacob Grimm deutet in den »Kleineren Schriften« im Kapitel »Über das finnische Epos« auf eine gewisse Parallelität in den Mythen hin. Grimm betrachtet »die Zeit vor Prometheus« bei den Griechen oder die des »gefundenen Feuers« in Skandinavien wie eine Zeitenwende. Es ist die Zeit, in der das Feuer aus der Hand der Götter auf

verschiedene Weise in die Hände der Menschen gelangte. Zwar erwähnt er aus diesem Sagenbereich nur den Zaunkönig, der zur Sonne flog, aber die keltische Mythe der Normandie und Britanniens verbindet die Geschichte des Zaunkönigs mit ähnlichen Taten des Rotkehlchens:

Aus der Normandie: Man brauchte einen Boten, der das Feuer vom Himmel brächte. Der Zaunkönig, so schwach und zart er ist, willigte ein, diesen gefährlichen Auftrag zu vollziehen. Es fehlte wenig, so wäre derselbe dem mutigen Vogel verderblich geworden... Während des Fluges nämlich verzehrte das Feuer sein Gefieder und erreichte sogar den leichten Flaum, der seinen schwachen Körper geschützt. Erstaunt über solchen Opfermut kamen alle Vögel überein, dem Zaunkönig je eine ihrer Federn zu geben, um seinen nackten und zitternden Leib zu bekleiden.
Die Eule allein hielt sich abseits, aber das erregte den Unmut der andern Vögel so sehr, daß sie sie seitdem nicht mehr in ihrer Gesellschaft dulden wollen. Das Rotkehlchen aber, das sich eifrig bemühte, dem noch brennenden Zaunkönig zu helfen, kam dabei zu nahe an ihn heran, und seine Federn fingen auch Feuer. Auf seiner Brust kann man noch die Spur davon sehen.

Aus dem Departement Loiret: Als der Zaunkönig das Feuer vom Himmel geraubt hatte und zur Erde bringen wollte, verbrannten seine Flügel, und er mußte seine kostbare Last dem Rotkehlchen anvertrauen. Das tat sie auf seine Brust, so daß sein Hals verbrannte. Da kam die Lerche, nahm das heilige Feuer und erreichte damit die Erde. Sie gab den Schatz den Menschen.

Aus Guernsey: Das Rotkehlchen hat zuerst das Feuer nach Guernsey gebracht. Als es über das Wasser flog, wurden seine Federn verbrannt, und seitdem ist seine Brust rot geblieben.

Aus Carmathenshire (Wales): Weit, weit fort ist ein Land des Wehs und der Dunkelheit, voll Geister des Übels und des Feuers. Tag für Tag bringt das Rotkehlchen dahin einen Tropfen Wasser in seinem Schnabel, um die Flamme zu löschen. Es fliegt so nahe an den brennenden Strom, daß seine kleinen Federn ganz versengt werden, daher heißt es auch: »Bron-rhuddyn« (verbrannte Brust). Um kleine Kinder zu retten, fliegt es zu diesem Höllenpfuhl. Wenn es von diesem Land des Feuers zurückkehrt, so fühlt es die Kälte des Winters noch mehr als die andern Vögel.

Sagen vom Feuerholen finden sich außerhalb Europas besonders häufig in Amerika, aber auch in Asien, Australien und Afrika. Die Vögel, die hier als »Rotkehlchen« bezeichnet werden, haben eine rote Brust oder Kehle, sind aber nicht unser europäisches Rotkehlchen (Erithakos rubecula)[2].
In den Mythen des keltischen Raumes erleben wir, wie das Rotkehlchen helfend in die dramatischen Ereignisse des Feuerholens eingreift, während es in der deutschen, nordischen Mythologie dem Feuer- und Blitz-Gott Donar selbst zugeeignet ist. Er liebt und schützt den kleinen Feuervogel und belegt denjenigen mit schweren Strafen, der ihn schädigt. Jacob Grimm erfuhr solche Überlieferungen aus Schlesien, Böhmen und Schwaben, und mit aller Vorsicht sprach er seine Vermutungen aus: »Vom zaunkönig gehen schöne märchen. doch sind noch zwei vöglein anzuführen, die mir von alters her in hoher heiligkeit gestanden zu haben scheinen: rotkehlchen und meise. dem rotkehlchen soll niemand sein nest stören, sonst schlägt das wetter ins haus; den blitz zieht das nest des rotschwänzchens heran. letzteres heißt in der Schweiz husrötheli, plagt oder nimmt man es aus, so geben die

2 Nach Dähnhardt, »Natursagen«, Bd. III. Vom Holen des Sonnenfeuers durch Vögel.

kühe rote milch. waren sie dem Donar heilig, dem rothbärtigen? und geht darauf die rothe farbe der kehle und des schweifs? man sagt, das rotkehlchen trage blumen und blätter auf das gesicht eines erschlagenen, den es im walde finde. that es das im dienste eines gottes, der nicht litt, daß man ihm schaden zufüge?«[3]

Auf einen anderen merkwürdigen Zusammenhang zwischen dem Gott und seinem Vogel weist uns die Brennessel. Dem Thor oder Thunnar ist die Nessel heilig. Nesseln schützen vor Gewitter. In Tirol legt man bei Gewittern Nesseln ins Feuer. Nun aber sind Nesselsamen eine bevorzugte Nahrung des Rotkehlchens. Da aber Nesseln als ein sympathisches Mittel gegen »Fallsucht« galten, ist damit in Verbindung zu bringen, daß derjenige die Fallsucht bekommt, der ein Rotkehlchen schädigt.

Das erstaunliche Gesetz haben wir bereits erwähnt: »Wer eine sterzmeise fahet, der ist umb leib und guet und in unsers herrn ungnad« (Creuznacher weisthum). Das bedeutet, daß der Täter mit Leib und Gut diesem Gesetzgeber verfallen ist.

Grimm schreibt dann weiter: »Der grund dieser gesetze entgeht uns, offenbar achtete man den vogel für heilig und unverletzlich. dazu stimmt aber vollkommen, daß noch die heutigen Letten dies von ihnen sihle genannte vöglein für weissagend und glückbringend halten, und selbst ein wahrsager ihnen sihlneeks heißt.«

Aus den mythischen und legendären Berichten über das europäische Rotkehlchen können wir zusammenfassend zwei charakteristische Seiten des Vogels kennenlernen: immer wieder hören wir, daß er im Gefühl des Mitleids Hilfsaktionen für Leidende unternimmt, außerdem aber eine besondere Beziehung zum Feuer hat, aus der sein Temperament, seine Leidenschaftlichkeit resultieren. Ähnliche Beobachtungen werden auch in unserer Zeit notiert: Eckermann erzählt Goethe, wie verwaiste Zaunkönigkinder von einem Rotkehlchen ins Nest aufgenommen und mit den eigenen Jungen gefüttert werden, Brehm beobachtet, wie ein Rotkehlchenmann einen kranken Rivalen füttert und seitdem Freundschaft mit ihm hält, Linsenmaier, wie das fütternde Männchen alle Leckerbissen seinem Weibchen bringt und höchstens einen harten Grillen-Fuß für sich behält.

Ganz im Gegensatz zu seiner Fähigkeit des Mitleids und des Helfenwollens wirkt sich die Beziehung des Rotkehlchens zum Feuer aus. Es trägt das Signum des Sonnenfeuerrots auf seiner Kehle, das ihn in leidenschaftlichste Kämpfe mit Rivalen verwickelt. Es ist Schützling des Feuergottes Thor, der durch Blitz und Donner jeden vernichtet, der seinen kleinen Vogel schädigt. Er hat ihm das feurige Rot seines eigenen Götterbartes verliehen. Die Hitze seines Blutes (bis zu 44 Grad) lenkt seine Liebe und seine Agressionen.

Mehr als in jedem andern Lande wurde das Rotkehlchen in England und auch auf der iro-schottischen Inselwelt der Freund des Menschen. David Lack verdanken wir die bedeutende Sammlung all der Liebesdokumente, die im Inselreich »Robin Redbreast« gewidmet wurden[4].

Aus dem Schottland des 6. Jahrhunderts kommt der früheste Bericht über ein zahmes Rotkehlchen: Der kleine Vogel war gewöhnt, sein tägliches Futter aus der Hand des alten Priesters Serf zu erhalten. Oftmals blieb er dann auf dessen Haupt oder Schulter sitzen oder verbarg sich an seiner Brust, oder er saß an seiner Seite, wenn er betete oder las. – St. Serf unterrichtete eine Anzahl junger Burschen, von denen der Knabe Kentigern besonders auf die Lehren des Alten einging. Seine Mitschüler haßten ihn, weil er von seinem geist-

3 Jacob Grimm »Mythologie« II, S. 569

4 David Lack, »Robin Redbreast«, Oxford 1960

lichen Vater geliebt wurde, und versuchten, ihm Schlimmes zuzufügen. Eines Tages, als der alte Serf in die Kapelle ging, um zu beten, trieben sie böse Spiele mit dem Vogel, bis er in ihren Händen starb. Sie schoben nun die Schuld auf den Knaben Kentigern, der still daneben gestanden hatte. Als dieser merkte, daß der alte Priester krank wurde vor Trauer um den Vogel, nahm er den toten kleinen Körper in seine Hände, drückte den Kopf an das leblose Vöglein und rief Jesus Christus an, den Herrn aller lebenden Kreatur, er möge dem Vogel sein Leben wieder schenken. Als St. Serf aus der Kapelle zurückkam und der Vogel ihm lebend entgegenflog, lobte der Alte die Macht Gottes, die ein Wunder durch das kindliche Gebet entstehen ließ, und segnete den Knaben, der dazu bestimmt war, während seines ganzen Lebens als Heiliger viele Wunder zu vollbringen.
Von St. Columban, der 563 n. Chr. im schmalen Lederboot die Insel Iona erreichte, um mit seinen Mönchen ein Kloster zu errichten, erzählt F. Macleod[5]:

And Colum, sitting upon the strewed fern that was his bed, rubbed his eyes that were heavy with weariness and fasting and long prayer. On the ledge of the hole that was in the eastern wall of his cell he saw a bird. He leaned his elbow upon the leabhar-aifrionn[6] that was by his side. Then he spoke: »Is there song upon thee, O Bru-dhearg?«[7]

Then the redbreast sang, and the singing was so sweet that tears came into the eyes of Colum, and he thought the sunlight that was streaming from the east was melted into that lilting sweet song. It was a hymn that the Bru-dhearg sang, and it was this:

5 Zitiert nach Lack, »Robin Redbreast«
6 Brevier
7 Rotkehlchen

Holy, Holy, Holy,
  Christ upon the Cross:
My little nest was near,
  Hidden in the moss.

Holy, Holy, Holy,
  Christ was pale and wan:
His eyes beheld me singing
  Bron, Bron, mo Bron!

Holy, Holy, Holy,
  »Come near, O wee brown bird!«
Christ spake: and lo, I lighted
  Upon the Living Word.

Holy, Holy, Holy,
  I heard the mocking scorn!
But Holy, Holy, Holy,
  I sang against a thorn!

Holy, Holy, Holy,
  Ah, his brow was bloody:
Holy, Holy, Holy,
  All my breast was ruddy.

Holy, Holy, Holy,
  Christ's Bird shalt thou be
Thus said Mary Virgin
  There on Calvary.

Holy, Holy, Holy,
  A wee brown bird am I:
But my breast is ruddy
  For I saw Christ die.

Holy, Holy, Holy,
  By this ruddy feather,
Colum, call thy monks, and'
  All the birds together.

And at that Colum rose. Awe was upon him, and joy. He went out and told all to the monks. Then he said Mass out on the green sward. The yellow sunshine was warm upon his grey hair. The Love of God was warm in his heart.
»Come, all ye birds!« he cried.
And lo, all the birds of the air flew nigh ... one and all, every creature of the wings, they came at the bidding.
»Peace!« cried Colum.
»Peace!« cried all the birds.

Aus unsern Ländern kennen wir keine Überlieferung damaliger Zeit, die ein so inniges Verhältnis des Menschen zum Vogelgesang bekundet.
Erst ein halbes Jahrtausend später preisen Troubadoure und Minnesänger das Vogellied. Walter von der Vogelweide flicht fast in jedes seiner Liebeslieder eine Strophe ein über »die Vöglein« und »wie schön sie singen«. Zuweilen nennt er die Nachtigall, das Rotkehlchen jedoch nicht.
Dies bleibt einzig und allein den Dichtern des britischen Inselreiches vorbehalten. Hier ist dieser Vogel, solange man zurückzudenken weiß, der Freund des Menschen, der ihn liebt und ihn im Winter pflegt und füttert. Hier werden ihm Hymnen der Zuneigung gebracht, wie vielleicht nur die Nachtigall es einstmals erlebte bei den musischen Griechen.
Viele Gedichte sind dem Robin Redbreast oder Ruddock zugeeignet. 1815 erschienen in »Tales of the Robin« einundzwanzig Gedichte, 1826 in »The Robin's Jubilee« weitere sechsundsechzig, und wieviele sind seitdem entstanden! Die besten Namen der englischen Literatur finden wir darunter. Und die Worte, die für den Gesang des Vogels gebraucht werden, haben ihren eigenen Liebesklang. Sie sind eigentlich unübersetzbar.
In einer bewundernswert schönen Ode preist Georg Daniel (1616–57) die Durchhaltekraft des Sängervogels im Vergleich zur menschlichen Unzulänglichkeit. Während der Vogel sich selbst erheitert durch seine Melodien, muß der Dichter, wenn er sich erfreuen will, den Vogel in seiner Glückseligkeit und Selbstzufriedenheit schauen. Hat sich das öde Antlitz des Winters über die Erde gebreitet und ist alles Blühen erstorben, sieht er den Vogel, dem schneidenden Luftzug Widerstand leistend, auf einem entlaubten, zitternden Zweig. Der volle Reichtum der Töne aus der kleinen Kehle legt Entzücken über die Erde. Wie ein Wunder scheint der Gesang die Stumpfheit des Menschen anzurufen, anzugreifen, und der Dichter bittet den Vogel, seine Oden und Gebete zu singen, die besser sind als die des Menschen, die den Menschen mit seiner Kunst sehr in Verlegenheit bringen könnten. Es scheint, als ob der Chor der Elfen dem Rotkehlchen den Vorrat ihrer süßen Leier-Gesänge übermittelt hätte. Alle andern Vögel schweigen im Winter. »Pretty redbreast, sing, what I would speak«.
Von Edmund Spencer ist uns eine Grabschrift erhalten, deren unsentimentale Grazie uns berührt:

»Wake now, my love, awake! for it is time;...
The ouzel shrills; the ruddock warbles soft...«

Zu den eindrucksvollsten Hymnen auf das Lied des kleinen Vogels gehören wohl aber folgende Verse von Fiona Macleod, dem seherischen Dichter von Iona:

On a Redbreast singing at the grave of Plato

The rose of gloaming everywhere!
And through the silence cool and sweet
A song falls through the golden air
And stays my feet –
For there...
This very Moment surely I have heard
The sudden, swift, incalculable word
That takes me o'er the foam

Of these empurpling, dim Ionian seas,
That takes me home
To where
Far on a isle of the far Hebrides
Sits on a spray of gorse a little home-sweet bird.

The great white Attic poplars rise,
And down their tremulous stairs I hear
Light airs and delicate sighs.
Even here
Outside this grove of ancient olive-trees,
Close by this trickling murmuring stream,
Was laid long, long ago, men say,
That lordly Prince of Peace
Who loved to wander here from day to day,
Plato, who from this Academe
Sent radiant dreams sublime
Across the troubled seas of time,
Dreams that not yet are passed away,
Nor faded grown, nor grey,
But white, immortal are
As that great star
That yonder hangs above Hymettos' brow.

But now
It is not he, the Dreamer of the Dream,
That holds my thought.
Greece, Plato, and the Academe
Are all forgot:
It is as though I am unloosed by hands:
My heart aches for the grey-green seas
That hold a lonely isle
Far in the Hebrides,
An isle where all day long
The redbreast's song
Goes fluting on the wind o'er lonely sands.

So beautiful, so beautiful
Is Hellas, here.
Divinely clear
The mellow golden air,
Filled, as a rose is full,
Of delicate flame:
And oh the secret tides of thought and dream
That haunt this slow Kephisian stream!

But yet more sweet, more beautiful, more dear
The secret tides of memory and thought
That link me to the far-off shore
For which I long –
Greece, Plato, and the Academe forgot
For a robin's song!

Man fragt sich, wie es möglich wurde, daß Jahrhundert um Jahrhundert die Menschen des uns gar nicht so fernen Inselreiches diesem Vogel lauschten, ja, mehr noch, ihm tiefe Liebe schenkten, während er bei uns nur von ein paar Vogelfreunden gekannt wird?
Wenn Robin Redbreast drüben bei ornithologischer Bestimmung einige andere Merkmale aufweist als unser Rotkehlchen hier: der Gesang ist der gleiche, nur man sagt, drüben wäre es etwas zahmer. Wie aber könnte hier ein kleines Wesen zahm werden, wenn es vom Menschen überhaupt nicht wahrgenommen wird, wenn er es mit seinen Sinnen gar nicht registriert? Obwohl es vor hundert oder zweihundert Jahren bei uns viel in Käfigen gehalten wurde, war es nicht populär wie in England, es war nie der gefeierte Liebling des Volkes und ist auch kaum in der deutschen Literatur zu finden.
Mörike dichtete um das Rotkehlchen, ohne es direkt zu nennen, eine kleine spannende Ballade. Sie gehört nicht zu seinen berühmten Gedichten, und wahrscheinlich hielt man den Vogel darin für eine Ausschmückung des wie im Volksmund entstandenen Liebesdramas. Aber wenn man es genau liest, ist der Vogel »mit dem Herzlein rot« auf der Brust gut zu er-

kennen. Alle Vorgänge sind scharf beobachtet und klar gezeichnet, aus den Möglichkeiten des Rotkehlchens aufgespürt. Und hier ist auch der Vogel zahm, weil er von zwei Liebenden, besonders von dem Knaben, sehr geliebt wird.

Suschens Vogel

Ich hatt' ein Vöglein, ach wie fein!
Kein schönres mag wohl nimmer sein:

Hätt' auf der Brust ein Herzlein rot
Und sung und sung sich schier zu Tod.

Herzvogel mein, du Vogel schön,
Nun sollt du mit zu Markte gehn! –

Und als ich in das Städtlein kam,
Er saß auf meiner Achsel zahm;

Und als ich ging am Haus vorbei
Des Knaben, dem ich brach die Treu',

Der Knabe just aus dem Fenster sah,
Mit seinem Finger schnalzt er da:

Wie horchet gleich mein Vogel auf!
Zum Knaben fliegt er husch! hinauf.

Der koset ihn so lieb und hold,
Ich wußt nicht, was ich machen sollt',

Und stund, im Herzen so erschreckt,
Mit Händen mein Gesichte deckt',

Und schlich davon und weinet' sehr,
Ich hört ihn rufen hinterher:

»Du falsche Maid, behüt' dich Gott,
Ich hab' doch wieder mein Herzlein rot!«

EDUARD MÖRIKE

Soviel Zeugnisse über das Rotkehlchen aus Mythos und Dichtung bis in unsere Zeit erhalten sind: für die wissenschaftliche Ornithologie ist der Vogel schon aus ihrer ersten berühmten Dokumentation, dem Tierbuch von Aristoteles, bekannt. Darin steht etwas über Rotkehlchen und Rotschwänzchen, was uns unter den von Erwin Stresemann für die Ornithologie erläuterten aristotelischen Gesichtspunkten sehr erstaunlich erscheint:

»Erithakos und Phoinikuros verwandeln sich ineinander, was im Winter Erithakos heißt, ist im Sommer ein Phoinikuros, sie unterscheiden sich sozusagen nur in der Farbe. Im gleichen Verhältnis stehen Sykalis (Mönchsgrasmücke) und Melankoryphos (Sumpfmeise) zueinander, auch sie verwandeln sich ineinander, Sykalis entsteht im Anfang des Herbstes, Melankoryphos im Spätherbst, und sie unterscheiden sich nur durch Farbe und Stimme. Beides ist der gleiche Vogel, denn sie sind um die Verwandlungszeit schon beide beobachtet worden, ohne daß die eine Art sich schon völlig in die andere verwandelt hätte. Das meiste hiervon will man mit eigenen Augen gesehen haben.«

Da Aristoteles die vielen Vogelarten, die er in seiner »Tierkunde« anführt, nicht alle selbst beobachten und erforschen konnte, übernahm er Berichte, die ihm Fischer und Bauern zutrugen. Damals war es aber für »das Volk« noch selbstverständlich, daß sich lebendige Wesen ineinander verwandeln konnten, Götter, Menschen, Tiere und Vögel vertauschten ihr irdisches Kleid, ja man wußte, daß der Lorbeer und die Tamariske einmal menschliche Jungfrauen waren. Warum sollten sich nicht zwei sehr nahe verwandte Vögel ineinander verwandeln? Aristoteles, der noch den Mythos liebte, wie er es selbst ausdrückt, wird zu allen wundersamen Realitäten, die ihm die Vogelwelt lieferte, gerne noch diese hinzugefügt haben.

Aus Konrad Gesners »Historia animalium« (1551–1587). Rechts: Deutsche Ausgabe von 1670 ⊳

E.

Orchilus aut eritheus, (ἐριθεὺς, prima breui, sequentibus longis,) caua terrę subiens, signum facit tempestatis futuræ, Aratus. ab Auieno conuertitur, paruus eritheus. Rubecula auis stabula circumiens, & habitata loca lustrans, ex aduentu tempestatis se fugere declarat, Gillius.

H.

Αἴσακος, erithacus auis, Camers. Idem & Hesychius æsacum interpretatur ramum lauri, quem manu tenentes hymnos deorum dicebant. Δαυχ́αλος, erithacus auis, Hesych. & Varinus. scribitur autem ab illis ἐριθακὸς oxytonum, (ut & à Varino in Αἴσακος, in Erithaco uerò proparoxytonũ, quod placet) nisi librariorum erratũ sit. ¶ Ἐρίθακις, mulier pro mercede laborans, Eustathius. Proprium hoc nomen puellæ uidetur apud Theocritum Idyl. 3. ¶ Ἔριθοι agricolæ, quòd ἔραν, id est terram colant: abusiuè uerò etiam ἐριουργοί, id est qui circa lanam laborant, uel mercenarij, Hesych.

¶ Vnicum arbustum haud alit duos erithacos. Zenodotus author est hoc adagio notatos illos, qui ex rebus minutis festinant ditescere. Mihi uidetur non intempestiuiter dici posse in eos, quibus parum conuenit, nec in eodem munere concorditer uersari queunt. Est autem erithacus auis quædam solitaria, ut eodem in saltu non temere nisi unam inuenias. Thomas Magister ait à quibusdam ἐριθεα uocari, ab alijs ἐρίθυλον, à plerisq; ἐρίθακον. Aristophanes elegãter ad hoc allusit adagium in Vespis, οὐ γάρ ἄν ποτε τρέφειν δύναιτ' ἂν μία λόχμη κλέπτα δύο. Non enim fieri potest Fures ut unquam saltus alat unus duos. Non omnino dissimile est huic quod dixisse fertur Alexander Magnus: Mundum nõ capere duos Soles, Erasmus Rot. Eiusdem sententiæ est illud Germanis quibusdam usitatum, ut Tappius scribit, Duobus gallis in uno sterquilinio, duobus stultis in una domo non conuenire. Zween hanen auff einem mist vertragen sich nit. Item, Zween narren tügen nit in einem hauß.

¶ Emblema Alciati inscriptum, Paruam culinam duobus ganeonibus non sufficere: In modicis nihil est quod quis lucretur, & unum Arbustum geminos non alit erithacos. Aliud. In tenui spes nulla lucri est: unoq; residunt Arbusto geminæ non bene ficedulæ.

DE RVBECVLA, HOC EST AVE QVAM plerique à rubicundo pectoris colore denominant, scripta recentiorum.

A.

CVM Aristoteles tum Plinius (inquit Turnerus) de erithaco & phœnicuro scripserunt, transire uidelicet has aues in se inuicẽ, hanc hyberni, illam æstiui temporis esse. Qua in re uterq; aucupum relatibus magis quàm sua experientia nixus, à ueritatis tramite longissimè aberrauit. nam utraq; auis simul conspicitur, & rubeculæ domitæ & in caueis alitæ (idem nostri aucupes affirmãt) eandem perpetuò formam retinent. quin & eodem tempore nidulantes, sed modis longè diuersis, sæpissimè in Anglia uidi. Rubecula, quæ non secus æstate quàm hyeme rubrũ habet pectus, quàm possit longissimè ab oppidis & urbibus in densissimis uepretis, & fruticetis ad hunc modum nidulatur. Vbi multa querna reperit folia, aut quernis similia, ad radices ueprium, aut densiorum fruticum, inter ipsa folia nidum construit: & iam constructum, opere ueluti topiario folijs contegit. Nec ad nidum ubiq; patet aditus, sed una tantùm uia ad nidum itur. ea quoq; parte, qua nidum ingreditur, longum struit ex folijs ante hostium nidi uestibulum, cuius extremam partem pastum exiens, folijs claudit. Hæc, quæ nunc scribo, admodum puer obseruaui, non tamen inficias iuerim quin aliter nidulari possit. Si qui alium nidulandi modum obseruauerint, ædant, & huiusmodi rerum studiosis, & mihi cum primis nõ parùm gratificabuntur. Ego, quod uidi, alijs candidè sum impertitus. Phœnicurus, quem ruticillã uocat, in excauatis arboribus & (quod sæpe expertus sum) in rimis & fissuris murorum, posticarum ædium, in medijs urbibus, sed ubi hominum minor frequentia cõcursat, nidulatur. Phœnicurus mas nigro est capite, & cauda rubra, cætera fœminæ, nisi quòd subinde cantillat, similis. (Rubeculam æstate cantantem nunquam audiui.) Caudam semper motitat uterque. Phœnicuri fœmina, & proles adeo rubeculæ pullis similes sunt, ut uix ab oculatissimo discerni possint. Verùm motu caudæ dignoscuntur. Rubeculę licet caudam moueant, postquam tamen submiserint, statim erigunt, nec tremũt bis aut ter more ruticillarum. Ruticillæ enim simul atq; caudã mouere cœperint, non cessant donec ter aut quater simul leuiter mouerint, ut alas, iuniores auiculæ cibum à matribus efflagitantes, motitant. Rubeculæ in æstate, ubi in syluis satis superq; alimenti suppetit, nec ullo infestantur frigore, (quæ res cogit illas in hyeme ad urbes, oppida & pagos cõfugere) cum

ist graw. Die Alten haben vermeint/ daß sich jhre Farb endere/ vnd die Röte an der brust in den schwantz komme/ darumb er Phenicurus genennt: welcher im Sommer widerumb zu einem Erithaco/ das ist/ Rötelein verendert werde: wiewol diß zween vngleiche vögel sind/ als wir auß der nachfolgenden Meinung Turneri verstehen werden/ welcher also spricht: Aristoteles vnd Plinius haben geschrieben/ daß die zween vögel Erithacus vnd Phenicurus/ je einer in den andern verendert werde/ vnd einer im Winter/ der ander aber im Sommer gesehen werde. In welchem sie beyde viel mehr der Weydleuten sag dann jrer Erfahrnuß vertrawet haben/ vnd derhalben weit von der Warheit abgewichen sind: dann man siehet beyde vögel zu einer zeit/ das Rötelein so man gezämet/ vnnd das so man im Kebich verschleust/ als vnsere vögler fürgeben. Ich hab sie auch offt zu einer zeit/ aber doch nicht auff eine weise/ in Engelland sehen nisten. Das Haußrötelein/ als hernach weiter gesagt wirt/ hat einen schwartzen Kopff/ vnd roten schwantz/ im vbrigen dem Weiblein/ allein daß es stäts singt/ änlich: dann das Rötelein hab ich im sommer nie gehört singẽ. Die beyde bewegen jren schwantz stäts. Das Haußrötel Weiblein vnd seine junge Zucht/ sind den jungen Rötelein so änlich/ daß man sie kaum vor einander erkennen kan. Aber am bewegen jres schwantzes erkennt man sie. Dann ob gleich die Rötelein jhren schwantz bewegen/ richten sie doch denselbigen nachdem sie jn nidergelassen/ schnell auff/ vñ zittern nicht zwey oder drey mal damit als die Haußrötelein: dann dieselbige hören mit dem schwantz nicht ehe auff zu zittern/ biß sie jhn zwey oder drey mal bewegt haben/ wie die junge vögel jhre Flügeln/ so sie speiß von jhren Eltern begeren.

Von Natur vnd Anmut dieses Vogels/ vnd wie er niste.

Das Waldrötelein/ welches Sommers vnd Winters ein rote Brust hat/ nistet weit von den Stätten in dickem breusch vnd gestaud/ auff die nachfolgende weiß. Da es viel eichẽ Laub/ oder demselbigen gleich/ findet/ so macht es mit denselbigen ein Nest zu vnderst bey den Wurtzeln der stauden vnd hecken/ vnder dem Laub. Vnd so es außgemacht/ macht es mit Laub ein haldecht Dach darüber. Man kan auch nicht allenthalben zum nest kommen/ sondern nur an einem ort. Es macht darzu an dem ort da es in das Nest gehet/ vor der Thür auß laub einen langen gang/ welches Thür/ so es nach speiß außfleugt/ es mit Laub beschleust. Diß hab ich als ich noch sehr jung gewesen/ wargenommen/ wiewol ich nicht darwider bin/ daß es nicht auch auff ein andere weiß niste. Das Haußrötelein aber nistet in holen Bäumen vnnd in gespaltenen Klecken vnd Klimsen der Mauren/ auff den hinder Thüren deß Hauses/ mitten in den Stätten/ aber da nicht viel Leut hin kommen. Die Rötelein leiden zu Sommerszeit/ wenn sie in den Wälden genugsame Nahrung haben/ etwas Kälte vnd Frost/ darumb werden sie dardurch genötigt/ daß sie Winterszeit sich zu den Stätten vnd Dörffern lassen/ mit jrer zucht aber suchen sie die aller einödesten örter. Darumb sol man sich nit wunder verwundern/ daß das Rötelein zu Sommerszeit nicht allenthalben gesehen wirt. Dieweil aber die Haußrötelein den gantzen Winter verborgen ligen/ ist es kein wunder daß man sie nich siehet. Zu dem wenn die junge Rötelein im Ende deß Herbsts/ so sie fast recht rot worden/ nahe zu den Stätten vnd Häusern fliehen/ die Haußrötelein aber so vorhin den gantzen Sommer sichtig/ nicht mehr gesehen werden/ biß in den nechst

Fast zweitausend Jahre lang hielt man an dieser Meinung fest. Erst Turner und Konrad Gesner wenden sich um 1600 gegen die Fabel, daß sich die Vögel ineinander verwandeln.
Sehr langsam vollzieht sich der Entwicklungsprozeß der durch Aristoteles begonnenen »exakten wissenschaftlichen Methode«. Neben den Anfängen wirklicher Forschung hören wir von allerlei Volksglauben, Spuk und Zaubermärchen um das Rotkehlchen.
Seit der Mitte des 18. Jahrhunderts können wir die allmählich sich entwickelnde Vogelkunde verfolgen. Die ersten sachlich exakten Beschreibungen und Zeichnungen treten auf; nach den Entdeckungsreisen in fremde Erdteile wurden auch exotische Vogelarten dokumentiert. Die so entstehenden Vogelbilder sind interessant als Zeitdokument, wie der Mensch den Vogel ansah, welche Seiten er als wichtig und charakteristisch empfand, ob mehr das menschliche Herz das Vogelwunder wahrnahm oder systematisches Registrieren im Vordergrund stand.
Da schreibt Linné, der große Systematiker (1773): »Diese Vögelchen singen sehr angenehm, machen ihr Nest im dicksten Gebüsche und in Dornhecken, welche sie sehr künstlich verbergen und dicht zudecken. Sie legen wenigstens vier Eier und sind sehr eifersüchtig, so daß sich auf einem Baume keine zwei Rotkehlchen vertragen können. Wenn es Winter wird, ziehen sie aus dem nördlichen Europa nach den südlichen Reichen und Provinzen. Sie essen den Samen von Pfaffenhütlein (Evonymi) gerne.«
»Eine der besten ornithologischen Geschichten, die mir zu Ohren gekommen«, nannte Goethe das, was ihm Eckermann[8] erzählte:
»Ich hatte im vorigen Sommer in der Nähe von Erfurt zwei junge Zaunkönige gefangen, die wahrscheinlich erst ganz kürzlich ihr Nest verlassen hatten; denn sie saßen in einem Busch auf einem Zweige nebst sieben Geschwistern in einer Reihe und ließen sich von ihren Alten füttern. Ich nahm die jungen Vögel in mein seidenes Taschentuch und ging in der Richtung nach Weimar bis ans Schießhaus, dann rechts nach der Wiese an der Ilm hinunter und an dem Badeplatz vorüber, und dann wieder links in das kleine Gehölz. Hier, dachte ich, hast du Ruhe, um einmal nach deinen Zaunkönigen zu sehen. Als ich aber das Tuch öffnete, entschlüpften sie mir beide und waren sogleich im Gebüsch und Grase verschwunden, so daß mein Suchen nach ihnen vergebens war. Am dritten Tage kam ich zufällig wieder an dieselbige Stelle, und da ich die Locktöne eines Rotkehlchens hörte, so vermutete ich ein Nest in der Nähe, welches ich nach einigem Umherspähen auch wirklich fand. Wie groß war aber mein Erstaunen, als ich in diesem Nest neben beinah *flüggen jungen Rotkehlchen* auch meine *beiden jungen Zaunkönige fand,* die sich hier ganz gemütlich untergetan hatten und sich *von den alten Rotkehlchen füttern* ließen. Ich war in hohem Grade glücklich über diesen höchst merkwürdigen Fund. Da ihr so klug seid, dachte ich bei mir selber, und euch so hübsch habt zu helfen gewußt, und da auch die guten Rotkehlchen sich euer so hilfreich angenommen, so bin ich weit entfernt, so gastfreundliche Verhältnisse zu stören, im Gegenteil wünsche ich euch das allerbeste Gedeihen.«
Alfred Brehm (1829–1884), der von der heutigen Ornithologie nicht allzusehr geachtete, aber populär gewordene Altvater der Vogelkunde, gibt gerade die Berichte über den Vogel, die uns für seine Charakteristik wichtig erscheinen, daß er nämlich auch mitleidig sein kann: »Zwei Rotkehlchenmännchen, die in meinem Heimatorte denselben Käfig bewohnten, lebten beständig in Streit, mißgönnten sich jeden Bissen und jagten sich wütend umher. Da geschah es, daß eines durch einen unglücklichen Zufall das Bein brach. Von Stund an war aller Kampf vorbei. Das gesunde Männ-

8 Eckermann, Gespräche mit Goethe III, 8. Oktober 1827

chen nahm *sich des Kranken an*, trug ihm Nahrung zu und pflegte ihn. Der gebrochene Fuß heilte, das krank gewesene Männchen war wieder kräftig wie vorher, aber der Streit zwischen ihm und seinem Wohltäter war für immer beendet.

Ein anderes männliches Rotkehlchen, von dem *Snell* Kunde erhielt, wurde am Nest gefangen, mit seinen Jungen ins Zimmer gebracht und widmete sich nach wie vor deren Pflege, fütterte und wärmte sie und zog sie glücklich groß. Etwa 8 Tage später brachte der Vogelsteller ein anderes Nest mit jungen Rotkehlchen zu dem alten Männchen, und siehe da, als die Jungen hungrig wurden und laut zu werden anfingen, kam der Vogel heran, betrachtete sie lange, eilte dann zu den Näpfen mit Ameisenpuppen, begann das Pflegevatergeschäft mit der größten Emsigkeit und *zog auch diese Jungen* auf.

Naumann erfuhr ähnliches, als er einen jungen Hänfling auffüttern wollte. Der ewig hungrige Vogel schrie fortwährend und erregte dadurch die Teilnahme eines im Zimmer umherfliegenden Rotkehlchens. Dieses begab sich nach dem Käfig des Schreihalses und wurde um Futter gebeten. Sogleich flog es nach dem Tische, holte Brotkrümchen, stopfte ihm damit den Schnabel und tat *dies, sooft der Verwaiste sich meldete.*«

Auch den ergreifenden Moment des herbstlichen Abflugs übernimmt Brehm in der Schilderung von Naumann: »Wenn man in der Zugzeit des Abends im Zwielicht in einem Walde ist, hört man ihre fröhlichen Stimmen aus jedem Strauch, anfangs nahe der Erde, dann immer höher, bis sie die Baumwipfel erreichen. Hier verstummen sie; denn sowie der letzte Schein des Tages verschwindet, wird alles still im Walde, und man vernimmt dann ihre Stimme nur in den Lüften.«

Das Rotkehlchen, das zu unseren zartesten und kleinsten Vögeln gehört, zieht nachts allein, und zwar in Höhen bis zu 5000 Metern (nach Beobachtungen in Rußland).

Gefangenschafts-Bruterfahrungen mit Rotkehlchen[9]

»... Bis zum 13. April blieben Männchen und Weibchen getrennt. An diesem Tag ließen wir sie zusammen im Zimmer fliegen. Das Männchen balzte sofort wie toll. Die Haltung, die es dabei annahm, war vom Drohen fast nur durch größere Intensität zu unterscheiden: Starkes Sträuben der Brustfedern, heftiges Flügelzukken, Schwanzstelzen, Knicksen. Der Hauptunterschied lag im Gesang: Drohend schleudert er dem Gegner nur einige, sehr laute Töne entgegen. Jetzt während der Balz umschmeichelte er seine Angebetete mit leisem, unterdrücktem Singen. Auch beim Weibchen ist die Haltung ähnlich dem Drohen, aber kein rotes Federchen wird gesträubt, kein Ton gesagt. Das Männchen zeigte sofort verschiedene Nistmöglichkeiten. Es nahm den Schnabel mit dürren Blättern, Halmen und Moos voll, sang, zitterte mit den Flügeln und ging möglichst auffällig zu dem erwählten Platz.

Kaum eine Stunde waren sie beisammen, als die erste Kopula stattfand. Das Weibchen forderte dazu auf: immer mehr verlagerte es seine Körperachse, Kopf nach unten, Bürzel mit den gesträubten Federn nach oben. Es schlug dazu mit den Flügeln und sang leise. Am nächsten Tag gab es viele Hetzjagden, bei denen sich das Männchen oft so verausgabte, daß es hinterher vor Erschöpfung einschlief. Am dritten Tag nahm das Weibchen erstmalig Nistmaterial auf. Sein Männchen versuchte sofort, einige Mooshalme zu übergeben. Diesem Nistmaterialübergeben kommt rein symbolische Bedeutung zu, denn das Männchen beteiligt sich nicht am Nestbau. Am 16. April begann das Weibchen mit Bauen und vollendete auch schon den Rohbau; am 17. abends war das Nest fertig. Ihre Methode konnte nicht einfacher sein. Sie füllte die Kokos-

9 Linsenmair in »Gefiederte Welt« 1961, Herausgegeben von Dr. Joachim Steinbacher. Jahrg. 85 Nr. 8 S. 142.

nuß dreiviertel mit Nistmaterial an, kroch dann hinein und preßte die lockere Aufschüttung mit ihrem sich drehenden Körper zusammen und in Form. Mit dem Schnabel arbeitete sie nicht. Vom 20. ab legte sie im regelmäßigen Abstand von 24 Stunden fünf Eier. Das Ei mußte das Männchen sofort scharf beäugen, es war dabei sichtlich aufgeregt, und nach einer halben Stunde hatte es das Ei neben das Nest gelegt. Wenn man auch immer die aus dem Nest beförderten Eier hereinlegte, bis zum 5. Ei nahm das Männchen immer das neuhinzugekommene Ei in seinen weitgespreizten Schnabel und legte es vorsichtig, ohne es zu beschädigen, neben das Nest. Die veränderte Zahl schien es zu beunruhigen. Dieses interessante Verhalten zeigte es nur bei der ersten Brut. Von der Ablage des ersten Eis an fütterte das Männchen mit wachsendem Eifer. Seine diesbezügliche Absicht kündigte es stets mit einem leisen Gesang an, erst dann flog es zu dem sperrenden Weibchen. Sich selbst gönnte er während der ganzen Brutzeit keinen einzigen Leckerbissen, höchstens griff er sich einmal z. B. von einer fetten Grille einen harten mageren Fuß. Bei den ersten Fütterungen kam es vor, daß ihm seine altruistische Tat augenscheinlich ganz plötzlich »leid« tat. Mit aller Gewalt versuchte er, den Bissen wieder an sich zu bringen, doch das Weibchen hielt ihn fest. Später kamen solche Rückfälle in den gewohnten Egoismus nicht mehr vor. Im Gegenteil: den allzu großen Brocken, den sie nicht ohne weiteres schlucken konnte, nahm er wieder an sich, klopfte ihn weicher, zerkleinerte ihn und legte ihn dann noch einmal mit dem gleichen graziösen Kopfneigen in ihren Schnabel.
Mit dem fünften Ei begann das Weibchen zu brüten. Auch das Männchen schlüpfte ein paarmal auf das Gelege, konnte es aber nicht einhudern und stand ziemlich hilflos für ein Weilchen darüber. Am Abend des 14. Bebrütungstages schlüpften die Jungen. Ein weiteres abnormes Verhalten des Männchens: es empfand das erstgeschlüpfte Junge als Fremdkörper und zerrte es aus dem Nest. Dies läßt sich aus der Situation des Käfigvogels verstehen. Er hat zuviel Zeit. Zumindest den halben Tag sitzt er vor dem Nest, dem interessantesten Ding im Käfig. 14 Tage lang sieht er fünf Eier drin liegen, plötzlich etwas rotes Zappelndes dazwischen. Draußen in der Natur ist das Männchen beschäftigt mit Futterholen und Revierkämpfen und sieht wohl nicht gerade das frischgeschlüpfte Junge. Als die Jungen 8 Tage alt waren, hatte das Weibchen an einem Nachmittage das zweite Nest gebaut. Dieses Mal lagen bald sieben Eier darin. Nach 14 Tagen schlüpften die Jungen. Wir ließen den Alten nur zwei. Die Hauptlast der Aufzucht hatte das Männchen zu tragen, da seine Partnerin sehr bald mit dem Bau des dritten Nestes begann.
Erwähnenswert ist, daß dem Männchen der spezifische Fütterungslaut für die Jungen fehlt. Dieselben Töne begleiten die Fütterung des Weibchens wie die der Jungen. Er fütterte leidenschaftlich gern. Noch den schon selbständigen Jungen drängte er sich mit seinem Futter auf. Ja, er riß ihnen des öfteren einen Happen weg, nicht um ihn selbst zu fressen, nur, um ihn stopfen zu können.«

»The Life of the Robin«

Unter den wissenschaftlichen Rotkehlchen-Portraits nimmt das Büchlein von David Lack als wohl erstmals so ausführliche Monographie einen Sonderrang ein. Es entstand aus siebenjährigen Beobachtungen des experimentierenden Ornithologen, der, Wissenschaftler und Künstler zugleich, die Lebensbilder des Rotkehlchens aneinanderfügte. Lack zeigt uns mit dem Humor des Entdeckers nicht nur die kuriosen Gewohnheiten des Vogels, die Intimitäten seines Familienlebens, die er selbst in Erfahrung bringen konnte, sondern er sieht ihn seit Jahrhunderten in unser europäisches Leben, in

unsere Geschichte verwoben. So konnte er sein Portrait zu einer literarischen Preziose gestalten und der Zuneigung zu seinen Studien-Objekten, die er »my Robins« nannte, Ausdruck und Farbe verleihen. Sein erstes Kapitel beginnt mit den Fallen, den Werkzeugen des Vogelfangs, vor denen Mrs. Trimmer (1786) die Vögel warnt: »Willst du nicht zweimal genau hinschauen, bevor du Krumen aufpickst, die ein Fremder streute?« Das Rotkehlchen wurde gegessen und in Käfigen gehalten. In England starb der Beruf des Vogelfängers mit dem sich hebenden Lebensstandard aus, und es wuchs in der Bevölkerung das Gefühl gegen das Gefangenhalten von Vögeln in Käfigen.

Die Vogelfänger früherer Jahrhunderte bezeugten, daß kein Vogel so leicht in Fallen geht wie das Rotkehlchen. David Lack erklärt dies mit der Gepflogenheit, alle fremden Gegenstände im eigenen Revier zu untersuchen. Jede Veränderung fällt ihm auf. Es hat dies kaum etwas mit der intensiven Futtersuche zu tun. Wenn die Rotkehlchen Menschen wären, würde man sie als »neugierig« bezeichnen; aber Lack definiert vorsichtiger: »Es ist schwer zu wissen, was dies in der Meinung des Vogels bedeutet«. Buffon (um 1750) berichtet, daß Wanderer, die durch den Wald gehen, von Rotkehlchen begleitet werden. Dies wäre auch als Kontrolle der Fremden aufzufassen, die ihr Revier betreten. Aus dieser Eigentümlichkeit des Vogels könnte, so vermutet Lack, die Legende entstanden sein, daß Rotkehlchen das Gesicht von Erschlagenen im Walde mit Moos und Blumen bedecken.

Aus der Darstellung des Rotkehlchenlebens im allgemeinen werden wir sofort in die dramatische Wirk-

Ein Rotkehlchen baute sein Nest auf dem Katafalk der Königin Mary II., die vor dem Begräbnis in Westminster Abbey aufgebahrt lag. Das Ereignis ging als das »Wunder von Westminster« in die englische Geschichte ein. Links: Flugblatt aus dem Jahre 1695

lichkeit des Einzelnen geführt. In fünfzehn fesselnd geschriebenen Kapiteln macht uns Lack mit den Beobachtungen des Wissenschaftlers bekannt: warum der Vogel singt, warum er sich nicht nur durch die rote Brust des Rivalen, sondern auch durch seine Attrappe erregen läßt, wie er kämpft, wie sich die Paarbildung, wie sich die Werbung vollzieht.

Das Kapitel mit den interessanten »*Höflichkeiten*« versieht Lack mit einem Shakespeare-Wort als Motto: »Win her with gifts, if she respekts not words«.

Er schreibt: »Vom menschlichen Standpunkt aus sind die Stufen, in denen sich das Familienleben des Rotkehlchens entwickelt, seltsam. Zuerst ziehen die Weibchen aus, um sich einen Gefährten zu wählen. Die Männchen erwarten sie in ihren Revieren.

Nach etwas, das wie ein kurzer Kampf aussieht, ›verlobt‹ sich das Pärchen und in den nächsten zwei oder drei Monaten bewohnen die beiden Verlobten dasselbe Gebiet, kümmern sich aber ansonsten kaum umeinander. Ein Werben oder Hofieren gibt es überhaupt nicht. Dann baut das Weibchen – ohne Hilfe seines Gefährten – die Familienwohnung. Um die Zeit, in der diese fertig wird, geschieht die Paarung, jedoch nur gelegentlich und mit wenig Erregung.

Ungefähr um dieselbe Zeit beginnend, aber viel längere Zeit während und von viel mehr Erregung begleitet, macht das Männchen dem Weibchen dadurch den Hof, daß es ihm Futter bringt.

Der Ausdruck ›courtship‹ wird ungenau verwendet für drei verschiedene Phasen des Vogel-Verhaltens: zuerst für das werbende Sich-zur-Schau-Stellen eines unbeweibten Männchens, das ein Weibchen sucht, zweitens für die Zeremonie, die zur Paarung führt, und drittens für das, was man bezeichnen könnte als ›Zusammengehörigkeitsgefühl schaffendes Werben‹.

Nur in einem sehr weiten Sinn kann der Werbegesang des Rotkehlchenmännchens als ›courtship‹ bezeichnet werden, da er nicht den Zweck hat, das Weibchen se-

xuell zu erregen, sondern einfach dessen Aufmerksamkeit auf seine Gegenwart zu lenken, damit die beiden ein Paar bilden können. Das geschieht oft mehrere Monate bevor die eigentliche ›courtship‹ beginnt. Das Werben jedoch, das das Zusammengehörigkeitsgefühl schafft, ist beim Rotkehlchen völlig anderer Art: das Männchen füttert das Weibchen ....

Es kommt oft vor, daß das Männchen das Weibchen immer wieder füttert, während dieses beharrlich bettelt. Es ist klar, daß das, worum es hier geht, nicht das Futter ist, das übergeben wird. Das könnte sich das Weibchen leicht selbst suchen.

Tatsächlich bettelte eines der Weibchen im Vogelhaus wiederholt um Futter beim Männchen, obwohl es selbst auf dem Futterteller saß, umgeben von Mehlwürmern, während das Männchen in einer entfernten Ecke war, wo es kein Futter gab. So schreibt auch jemand von einem Rotkehlchen, das einen Krümel von der Hand nahm, damit zum Männchen flog, ihn ihm vor die Füße legte und erwartungsvoll den Schnabel aufsperrte. ›Courtship‹-Füttern führt nicht weiter zu anderen Formen der ›Courtship‹ (des Hofierens). Die Vögel bringen sich durch dieses Verhalten merklich in Erregung. Es scheint auf das Gefühl bezogener Selbstzweck zu sein... Das ›Courtship‹ Füttern hält das Zusammengehörigkeitsgefühl zwischen dem Pärchen wach. ›Ihre gegenseitige Zuneigung und das erworbene Wissen, daß ihre gemeinsame Anstrengung nötig ist, um den Lebensunterhalt für ihre vielköpfige Familie zu beschaffen, veranlaßt die wildlebenden Vögel dazu, eine Ehe einzugehen‹, schrieb Erasmus Darwin in seiner ›Zoonomia‹ 1801.

Dies ist sehr anthropomorph ausgedrückt, enthält aber das Wesentliche. Beim Rotkehlchen hat das ›Courtship‹-Füttern keinen Zusammenhang mit der Zeremonie, die zur Paarung führt, es beginnt aber zur selben Zeit des Jahres, im späten März, ... und endet ungefähr um dieselbe Zeit, in der das Weibchen aufhört, über den Jungen zu sitzen, wenn sie eine Woche alt sind.

Eine Ausnahme gibt es in bezug auf das letztgenannte Verhalten. Gerade als ihr Nachwuchs von fünf Jungen das Nest verlassen hatte, verlor ein Rotkehlchenweibchen seinen Partner. Es fuhr fort, die Jungen zu füttern, und kam nach drei Tagen zu einem neuen Gefährten. Das Weibchen spielte nun zwei Rollen auf einmal. Die erste bestand im Füttern der Jungen, die zweite im Betteln und Gefüttertwerden durch den neuen Partner als ›Courtship‹-Füttern.

Einige andere Ausnahmefälle sollen noch erwähnt werden. Zweimal kam es vor, daß meine Gegenwart in der Nähe eines Rotkehlchennestes, das Junge enthielt, die Rotkehlchen-Eltern alarmierte, so daß sie sich nicht herantrauten, um ihre Brut zu füttern. Da machte das Rotkehlchenweibchen kehrt und bettelte bei seinem Partner um Futter, obwohl sein eigener Schnabel voll von Insekten für die Jungen war.

... Wenn er in der Nähe des Nestes erschreckt wird, führt ein Vogel oft eine ganz unzweckmäßige Handlung aus, aber selten ist die Unangemessenheit so offenkundig wie in diesem Fall.«[10]

Die beiden Bücher von David Lack »The Life of the Robin« und »Robin Redbreast« sind gemeinsam eine Monographie des Rotkehlchens, die andern Ornithologen als Vorbild für Arbeiten über andere Vögel dienen könnte. Die Aussagen über das Rotkehlchen sind auch noch nicht abgeschlossen. Auf dem Internationalen Kongress für Ornithologie 1966, den David Lack leitete, wurde das Rotkehlchen stellvertretend für viele Singvögel Europas behandelt. Neue Erfahrungen über Flugverhalten und Orientierung durch Magnetfelder der Erde gehörten zu dem lebendigen Tagebuch, das fortlaufend von der Wissenschaft über ihren interessanten Liebling geführt wird.

10 David Lack, The Life of the Robin, aus dem IV. Kapitel.

Löffler 84

Seele und Geist bei Mensch und Vogel

Vielen Rätseln sind die Ornithologen auf die Spur gekommen. Der Vogel, der vor unserem Fenster Futter sucht, ist bis in seine letzten Feinheiten naturwissenschaftlich erklärbar[1]. Was Tiere in oft erstaunlicher Weise vollbringen, wird als Instinkt-Verhalten bezeichnet, das jedem Individuum einer Gattung erblich übermittelt wurde. Das Ererbte kann sich durch verschiedene Einflüsse verändern und zu neuen Verhaltensarten gestalten, bleibt aber im allgemeinen – so sieht es die Tierpsychologie – in die Gesetzlichkeiten der Arterhaltung eingebettet. Es wurde ein gewaltiges Material zusammengetragen über das, was Tiere an Leistungen zustande bringen. Man ist dabei, immer mehr Fähigkeiten an ihnen zu entdecken. Die interessantesten scheinen mit Denkvorgängen in Verbindung zu stehen, die dem Tier bisher abgesprochen wurden: das Benutzen von »Werkzeugen«, verschiedenste Sprach- und Verständigungsarten, die der Mensch noch nicht recht »übersetzen« kann, zu denen es aber so etwas wie einen Türspalt gibt. Besonders aufmerksam wird von der Wissenschaft soziales Verhalten zu Artgenossen, zu andern Tieren und zum Menschen beobachtet.

Aber die ganze Fülle detaillierter Befunde wird noch immer von dem durch die Nachfolger Darwins geprägten Welt- und Entwicklungsbild her gedeutet. Die Erkenntnisse Darwins: Entstehung der Arten durch Zuchtwahl, Mutation, Selektion im Kampf ums Dasein prägen wie alle wissenschaftlichen Ergebnisse das Bewußtsein unserer Zeit; aber sie reichen nicht aus, um das Wesen lebendiger Organismen zu erklären. Man geht heute davon aus, daß alle Lebensvorgänge als chemisch-physikalische Vorgänge erkennbar sind. Da wir nur die chemisch-physikalischen wahrnehmen können, bleiben die Einflüsse, die aus anderen Kräfte-

1 Man orientiere sich in dem umfangreichen Werk von Rudolf Berndt und Wilhelm Meise »Naturgeschichte der Vögel«, Kosmos-Verlag Stuttgart 1960

Graugänse

Singschwäne

quellen stammen, verborgen. Sie sind »unobservable«. Aber gerade über diese Kräftequellen, für die man sich den Zugang erst erarbeiten muß, gibt das Werk Rudolf Steiners Aufschluß. Es ließen sich genügend Beispiele dafür anführen, daß die Vorstellungen der Anthroposophie zu den Problemen der modernen Ornithologie etwas zu sagen haben – aus einem erweiterten Bereich von Erfahrungen neue Lösungen anbietend.

So hat der Vogelzug immer zu den wichtigsten Problemen der Ornithologen gehört. Aber die Kernfrage, warum der Vogel zieht, warum er gerade eine bestimmte Richtung nimmt, präzise die Abflugzeiten einhält usw., kann von der Ornithologie noch nicht beantwortet werden. Daß die Zugunruhe durch Hormontätigkeit ausgelöst oder beeinflußt wird, ist nachweisbar. Aber welchen Anlaß haben die Hormone, in Tätigkeit zu treten, bei den verschiedenen Vogelgattungen jeweils zu ihrer bestimmten Zeit? Beim alten Kuckuck im Juli, bei Pirol und Blauracke im August, bei der Grasmücke im September, bei Rauchschwalben im Oktober, bei Drosseln und Staren im Oktober und November (um nur einige Beispiele zu nennen). Der Mangel an Futter kann keine ausschlaggebende Ursache des Zuges sein, denn die im Juli-August ziehenden Vögel verlassen gerade dann Landschaften voller Insekten und reifender Körner. Die Motivierung durch Instinkt-Verhalten lehnen heute selbst die Wissenschaftler ab. David Lack erklärt im Kapitel über den Instinkt[2], wie undefinierbar dieser Begriff ist und wieviel Konfusion er schon dadurch gestiftet habe, daß Tierverhalten unangemessen oder falsch beschrieben wurde, und dadurch, daß das angenommene Charakteristikum des Instinkts, die Erblichkeit, sehr oft durch Ausnahmen durchbrochen wird. Von besonderer Wichtigkeit sei der emotionale Zustand des Vogels, der erst den Schlüssel zu seinem Verhalten liefere. Da aber der Gemütszustand eines Vogels unbeobachtbar und unerforschbar sei – man darf ihm nicht menschliche Gemütszustände unterschieben –, erweist sich die Definition des Begriffs Instinkt als sehr schwierig. Lack spricht die Hoffnung aus, daß die Vogelhüter in Fortsetzung ihrer geduldigen Beobachtungen und Forschung ganz von selbst auf neue Bezeichnungen kommen werden, die aus der Praxis ihrer Arbeit entstehen und darum klare Definitionen zulassen. Das Wort »Instinkt« sollte verschwinden!

Nun ist es sehr interessant, wie dem Dilemma dieser ungenügenden Begriffsbestimmung schon Jahre vor Lack die Enträtselung vorausgeschickt wurde: Rudolf Steiner beschrieb auf Grund geisteswissenschaftlicher Forschung die Gruppenlenkung jeder Tierspezies durch ihre höhere Wesenheit in der astralischen Welt. Er nannte diese weisheitsvolle Wesenheit die Gruppenseele[3]. Aus ihr sind die verschiedenen Verhaltens-

2 David Lack, »The Life of the Robin«, Kapitel XV

3 Für die zahlreichen Äußerungen Rudolf Steiners zu diesem Thema können hier nur zwei Beispiele angeführt werden:
»Das Tier hat innerhalb dessen, was uns auf dem physischen Plan entgegentritt, kein Ich. Erst die okkulte Untersuchung führt uns zum Ich des Tieres. Aber dieses Ich des Tieres ist nicht mehr innerhalb desselben Bereiches zu finden, wo das menschliche Ich zu finden ist. Das tierische Ich ist erst abgesondert von dem physischen Leib aufzufinden, so daß wir eigentlich eine ganz andere Welt kennen lernen, wenn wir mit dem okkulten Blick aufsteigen zu dem tierischen Ich... In einer Welt übersinnlicher Art ist das tierische Ich zu finden. Und von diesem tierischen Ich muß man wiederum sagen: Es tritt uns dort als eine Realität entgegen, kündigt sich aber in der physischen Welt nicht als Individualität an, sondern hier verstehen wir es nur, wenn wir das Interesse auf eine ganze Gruppe von Tieren, auf eine Gruppe von Wölfen, von Lämmern und so weiter richten... Und die Welt, in der wir das Gruppen-Ich der Tiere finden, bezeichnen wir zunächst ganz konkret als astralische Welt.« *»Die geistigen Wesenheiten in den Himmelskörpern und Naturreichen«. Helsingfors, 11. April 1912 (GA 136)*
»Wenn Sie den Flug der Vögel verfolgen, wie sie beim Herannahen des Herbstes fortziehen von Nordosten nach Südwesten, und beim Herannahen des Frühlings wieder zurückziehen in ihre Heimat, von Südwesten nach Nordosten ziehen, und wenn Sie sich fragen: Wer lenkt weise diesen Vogelflug? – dann kommen Sie als okkulter Forscher, wenn Sie die einzelnen Anordner und Regierer suchen, auf die Gruppen-Iche der einzelnen Gattungen oder Arten. In aller tierischen Be-

arten, ebenso die Ausnahmen, die Erblichkeit, die Gefühlsverhältnisse sowie auch die »Irrtümer« einzelner Individuen ganz natürlich erklärbar. Vor allem aber besteht die Möglichkeit, durch das Wissen um die Gruppenlenkung die bisher noch geheimen Vorgänge und Ursachen des Vogelzuges zu enträtseln. Jede Vogelart hat ihre spezielle Führung in einer Wesenheit, die ihre sensiblen Vogelkinder mit allen Weisheiten begabt, die sie im Luftraum und auf der Erde benötigen.

In diesen Zusammenhängen haben Sonnenlicht und Sonnenwärme sowie die verschiedenen Schübe der Ätherströmungen[4] höchsten Einfluß auf ihr abenteuerliches Leben. Flußläufe sind überdeckt mit Ätherströmen, die von Vögeln als Wanderstraßen benutzt werden, desgleichen zeigen Gebirge Veränderungen der Ätherverhältnisse an, und die Vögel richten sich nach ihnen. Diese Ätherarten sind für den heutigen Menschen nicht mehr wahrnehmbar, aber die hochempfindlichen Vögel werden durch sie geleitet.

Wie sehr Sonnenlicht und -wärme im Zusammenhang mit der »Äthergeographie« ein Vogeldasein bestimmen können, zeigt die Polarseeschwalbe. Sie brütet in der Arktis. Man fand sie brütend bis nahe am Nordpol während des dortigen Sommers, in dem es keine Nacht gibt. Nach der Brut fliegt sie über den Äquator, an der Atlantikküste entlang bis in die Antarktis, wo sie wieder den vollen Sommer ohne Nacht durchlebt. Erst nach dem ungeheuren Weg zur Arktis zurück beginnt sie, wiederum im Sommer, neu ihr Brutgeschäft.

Wir erleben den Vogel als physisches Wesen auf unserer Erde und in der sie umhüllenden Luft unter den bekannten äußeren Bedingungen. Er steht aber gleichfalls unter den Gesetzlichkeiten seiner ätherischen Bildekräfte und seiner astralen (seelischen) Gaben und Führungen (Gruppenseele)[5].

Das Tier erlebt sich seelisch in seinem organischen Leib, der wiederum durch den das Tier prägenden Geist geformt wurde. Der Tierleib ist der zur Wirklichkeit gewordene Geist seiner Gattung, getragen von der im Innern jedes Tieres waltenden Gruppenseele.

»Wir sprechen einem Wesen Seele zu, das den Geist nicht nur in sich aufnimmt, sondern das den Geist in sich erlebt und aus dem Geist heraus in sich selber schaffend ist. Also nur dann sprechen wir von Seele,

völkerung lebt das astralische Ich, das für den astralischen Plan ebenso ein Ich ist, wie das Menschen-Ich hier, nur ein viel, viel weiseres Ich. Viel gescheitere Iche als hier die physischen Menschen sind dort auf dem Astralplan die geschlossenen Gruppenpersönlichkeiten, die die einzelnen Glieder hier auf dem physischen Plan haben, und alles, was bei den *einzelnen Tieren weise eingerichtet ist, ist geoffenbarte Weisheit der Gruppen-Iche der Tiere.« »Weihnacht« (Vitaesophia), Berlin 1907, Neuauflage Dornach 1967*

4 Ätherströme treten dort auf, wo ätherische Kräfte zur Herbst- und Winterzeit vom Nordpol abgezogen werden in südlicher Richtung. Im Frühling und Sommer fluten diese Kräfte in nördlicher Richtung zurück. Je nach Jahres- oder Tagesrhythmus der Ätherbewegungen, je nachdem ob Lebens- oder Klangäther vorherrschen, bilden sich die Voraussetzungen für die Züge der verschiedenen Vogelarten. Vgl. Günther Wachsmuth, »Die ätherischen Bildekräfte in Kosmos, Erde und Mensch«, und Hans Jenny, »Der Vogelzug und die ätherischen Ströme«, Gäa Sophia Bd. 1, 1926.

5 »Nun ist aber bekanntlich zwischen den Insekten und den Vögeln im Laufe der Erdenentwicklung etwas Wunderbares vor sich gegangen. Man möchte das möglichst bildhaft sagen, wie es vor sich gegangen ist. Die Insekten nämlich haben eines Tages gesagt: Wir fühlen uns nicht stark genug, die Astralität richtig zu bearbeiten, die um die Bäume herumsprüht. Wir benutzen daher unsrerseits das Baumhaftsein-Wollen der anderen Pflanzen und umflattern diese, *und euch Vögeln* überlassen wir in der Hauptsache dasjenige, was an Astralität die Bäume umgibt. Und so ist eine richtige Arbeitsteilung in der Natur zwischen dem Vogelwesen und dem Schmetterlingswesen eingetreten, und beides zusammen wirkt in einer ganz wunderbaren Weise wiederum so, daß dieses Fluggetier in richtiger Weise die Astralität überall verbreitet, wo sie auf der Oberfläche der Erde, in der Luft gebraucht wird. Nimmt man dieses Fluggetier weg, so versagt die Astralität eigentlich ihren ordentlichen Dienst, und man wird das in einer gewissen Art der Verkümmerung der Vegetation erblicken... Daher müßte innerhalb der Landwirtschaft auch ein Auge darauf geworfen werden, in der richtigen Art Insekten und Vögel herumflattern zu lassen. Der Landwirt selber müßte auch etwas von Insektenzucht und Vogelzucht zu gleicher Zeit verstehen...« Rudolf Steiner, Landwirtschaftlicher Kursus, 7. Vortrag vom 15. Juni 1924 (GA 327)

Seite aus dem Drogo-Sakramentar. Paris, Bibliothèque Nationale

wenn Geist innerlich in einem Wesen ist, das uns entgegentritt. So aber innerlich schaffend finden wir den Geist bei Mensch und Tier.«[6]

Der Geist im Tier ist unmittelbar an seine Leibesorganisation gebunden, während beim Menschen zwischen Geist- und Leibesorganisation das lebendige Ich tritt, das die Fähigkeit hat, sich vom Leib zu lösen und mit der geistigen Welt in Verbindung zu treten.

Wenn ein Tier auf der Erde geboren wird, sind seine späteren Verrichtungen schon durch die Gattung erblich vorveranlagt. Ein gewisses soziales Leben ist in manchen Tiergruppen erkennbar. Oft sind Tiere viel geschickter und fähiger als Menschen, aber alle ihre Begabungen sind an die Gesamtorganisation der Gattung gebunden, während der Mensch, gleichsam als Embryo geboren, die meisten Fähigkeiten erst erlernt. Das Tier kommt durch seine Erbanlagen, durch seinen Gruppeninstinkt, der als seelische Lenkung mit seiner physischen Organisation zusammenhängt, zu den Leistungen, die es in so erstaunlichem Maße als Architekt vollbringt (Ausbau des Bienenstockes, Biberbauten, Vogelnester). Es ist in seiner Arbeitsart ähnlich dem menschlichen Künstler. »Es wird unter den Bibern viele Michelangelos geben, aber keinen Galilei.«[7]

Umwelteinflüsse, Zucht usw. können Arten verändern; wie geistige Kräfte an der charakteristischen Bildung der Tiergattungen arbeiten, wie Löwe, Elefant, Rind, Reptil, Fisch u.a. zu ihren verschiedenen Lebensformen kommen, haben Rudolf Steiner und seine Schüler dargestellt. Aber von ganz besonderer Art erweisen sich die geistigen Einflüsse auf den *Vogel.*

Rudolf Steiner zeigt, daß der Vogel mit der Hierar-

6 Rudolf Steiner, »Menschenseele und Tierseele«, Vortrag Berlin 10. 11. 1910, veröffentlicht in GA 60

7 Rudolf Steiner, »Menschengeist und Tiergeist«, Vortrag Berlin 17. 11. 1910, veröffentlicht in GA 60.

Der Gekreuzigte mit goldenen Flügeln.
Buchen/Odenwald, Museum

chienwelt in Zusammenhang steht. Cherubim und Seraphim erscheinen seit altersher in vollkommenen Vogelgewändern, und die Flügel der Angeloi, der Götter und Göttinnen, der Sirenen und Nymphen sind aus wirklichen Federn gebildet:
»Da gibt es solche Wesenheiten, die gestaltet sind wie ein sehr komplizierter Vogelleib, – aber von ungeheuerer Schönheit, mit mächtigen flügelartigen Organen begabt und mit einem dem Menschenkopf ähnlichen Kopf; so erscheinen sie geformt und gestaltet. Das sind durchaus Wirklichkeiten des astralischen Planes«[8].
So haben auch Künstler Erzengel visionär gesehen und dargestellt, und langsam kann uns wieder bewußt werden, welcher Rang den Vögeln im geistigen Bereich, in der Welt der Hierarchien zukommt. Und zwar nicht nur durch die ähnliche Erscheinung im Federkleid, durch Bild und Symbol: Rudolf Steiner spricht in seinen Vorträgen immer wieder von der »Mission« der Hierarchien-Wesen im Weltenplan, wie sie – unsichtbar für den Menschen – auf dem Astralplan »arbeiten«, damit der regelmäßige Gang der Natur und der Weltordnung zustande kommt. Auch die Mission des Vogelgeschlechts im geistigen Bereich hat er dargestellt. Früher sah der Mensch noch die Aufgaben der Vögel als Götterboten, als Sprecher höherer Wesenheiten in der Menschenwelt. Die Vögel haben diese Begabung vielleicht noch heute. Nur der Mensch müßte sich innerlich dazu bringen, die an ihn gerichteten Botschaften wieder zu verstehen. Es handelt sich nicht darum, die Sprache des Huhns zu entziffern, wie es den Küken Futter anzeigt, sondern das aufzunehmen, was aus höherer Welt dem Menschen vermittelt werden soll. In diesem Sinne soll uns die wesentlichste und bewundernswerteste Begabung des Vogels, sein Gesang, zu einer Sonderbetrachtung leiten.

8 Rudolf Steiner »Mythen und Zeichen«, Vortrag Berlin 14. 10. 1907, Dornach 1951.

»Das Bild werden Sie vielfach finden können: Den Christus hervorgehend aus einer Gestalt wie ein Vogel, wie aus einem Flügelwesen herausgeboren werdend. Denn das ganze Mysterium des Christus, dieses ganze Herabsteigen aus den höheren Welten, hatte man einmal empfunden wie ein Entringen aus einer Natur, die auch räumlich als höhere Welt geboren ist; daher das Herausdringen aus der Vogelgestalt. Der Christus aus dem Vogel heraus geboren.«

Rudolf Steiner,
Vortrag vom 5. Mai 1909

Schloß Chillon (Genfer See)

◁ *Dom, Halberstadt*

Meister von St. Severin, Stigmatisation des Hl. Franziskus (Detail). Köln, Walraf-Richartz-Museum 94

Ikone, 14. Jahrhundert (Ausschnitt). Moskau, Tretjakow-Galerie

Vogellied – Menschengesang

Lord, what music hast thou provided for the saints in heaven, when thou affordest bad men such music on earth?
Izaak Walton: »The Complete Angler« 1653

Im Bereich der Stimme liegen die innigsten Beziehungen, die liebenswertesten Bindungen zwischen Menschen und dem singenden Vogel, hier liegen die Gebiete beiderseitiger Verständigung, verwandter Gewohnheiten, ähnlicher Ausdrucksformen der Gefühle, ja, hier beginnt die rätselhafte, geheimnisvolle Sphäre, die seit Jahrtausenden die Wesen Mensch und Vogel einend umfängt.
Die Säugetiere sind begrenzt und gehemmt in ihren Lautäußerungen. Wohl können sie sich dem Menschen gegenüber durch Gebärden, durch Zärtlichkeiten, durch mancherlei Beweise der Freundschaft nähern. Die Vögel aber haben die Gabe der Stimme, sie haben Gemeinsamkeit mit dem Menschen auf dem sensibelsten, intimsten Gebiet künstlerischer Aussage, der Musik! Der Vogelgesang ist ein Phänomen, das nicht auf das Tier-Sein des Vogels beschränkt werden kann. Die gefiederten Musiker eröffnen uns weite Grenzgebiete:
Den Forschungen der Ornithologen verdanken wir das Wissen um den artgebundenen und arterhaltenden Zweckgesang der Vögel, ein ererbtes Kennzeichen der einzelnen Arten.
Aber wenn der Zweckgesang beendet ist, beginnt ein freies Dichten, ein Komponieren mit Tönen und Melodien. Kunst und Spiel ist in ihrem Gesang. Die Vertreter der neuen Vogelgesangs-Wissenschaft stellen experimentell unter Beweis: es gibt Komponisten unter den Vögeln, die anscheinend nach ähnlichen musikalischen Gesetzen singen wie der Mensch.
Gleichzeitig aber wird bestritten, daß der Mensch den seelischen Inhalt des Vogelliedes wahrnehmen könnte. Es wäre unmöglich zu beobachten ob der Vogel in freudiger oder trauriger Stimmung singt. Auf diesem Gebiet lassen sich aber andere Erfahrungen machen: in dem Maße, wie wir unser feines seelisches Gehör ausbilden, werden wir aus dem Laut des rufenden oder musizierenden Vogels vernehmen, welches Gefühl in

ihm die Töne erweckt. Sehr verschiedene Seelenlandschaften können hinter den zart nuancierten Gesängen stehen. Am bedeutsamsten für den Menschen aber ist die Sphäre des Vogellebens, in der die kleine Syrinx des Sängers zum Instrument eines Götterrufes wird, in der sich der Vogel und die künstlerische Natur des Menschen im geistigen Bereich vereinen.

Wie David Lack es beim Rotkehlchen beobachtete, hat der Gesang des Vogels vornehmlich die Aufgabe der Revier-Abgrenzung. Das Vogelpaar braucht einen Landschaftsraum, der ihm und später der Brut genügend Nahrung bietet. Verschiedene Vogelarten stören sich kaum im gleichen Territorium, da sie unterschiedliche Nahrung beanspruchen. Die Rivalen der eigenen Art aber würden die nicht unbegrenzt vorhandene Nahrung verringern, darum werden sie unermüdlich durch lautstark vorgetragene Melodien oder Tonfolgen aus dem Revier vertrieben. Meistens genügt das Lied des Revierinhabers, der sein Land wie durch einen Zaun von Tönen abgrenzt, um den Artgenossen fernzuhalten. Wenn man ein Männchen in einen Käfig setzt, diesen aber in seinem eigenen Revier aufstellt, wird der Vogel durch seinen Gesang das Revier von zudringlichen Rivalen freihalten. Schiebt man aber den Käfig mit dem singenden Männchen um ein Weniges in das Revier des Nachbarn, wird der Sänger sofort schweigen, der Inhaber des Reviers aber wird ihn attackieren. Es ist vorgekommen, daß der Vogel in der Zwangslage des Käfigs innerhalb eines fremden Reviers aus Aufregung einem Herzschlag erlag.

Während der freien Revier-Besetzung in der Natur dient der Gesang als Warnung: dies Gebiet darf von einem Männchen der gleichen Art nicht betreten werden. Da die Gebiets-Suchenden diese Warnrufe meist respektieren, wird dadurch der tätliche Angriff, der körperliche Kampf der Rivalen vermieden. Der Warngesang trägt somit zur Arterhaltung bei. Gleichzeitig aber lockt der Gesang die Weibchen der eigenen Art an, die z.T. wie beim Rotkehlchen eigene Territorien bewohnen. Durch die Lieder der in der Runde ansässigen Männchen werden sie bewogen, dem besten Sänger in sein »Land« zu folgen.

Außer dem Revierschutz- und Werbungs-Gesang gibt es mancherlei Rufe der Vögel (jede Art benutzt die ihr eigenen), die ihre bestimmte Bedeutung und Aufgabe haben: zum Beispiel vor Gefahr zu warnen, vor Feinden wie Eulen und Greifvögeln. Auf bestimmte Rufe der Mutter gehen die Jungvögel lautlos in Deckung und kommen erst wieder herbei, wenn die Mutter »entwarnt«. Mit besonderen Lockrufen zeigt sie ihnen Futter, bestimmte Laute der Jungen bei aufgesperrtem Rachen bedeuten Hunger[1]. Selbst Küken im Ei haben Kontaktlaute, mit denen sie sich über den Zeitpunkt des Schlüpfens »verständigen«, andere halten die Jungen beim Auslauf zusammen, andere später das Paar oder den Schwarm oder den Vogelzug.

Baeumer bezeichnet die Sicherheit, mit der ein Ruf oder eine Lebenssituation eine Reaktion des Vogels bewirkt, als »Schlüsselreiz«. So sicher, wie der Schlüssel das bestimmte Schloß öffnet, so sicher veranlaßt der optische, tonale oder andere Sinnesreiz die entsprechende Reaktion des Tieres.

Otto Koehler hält es für angebracht, die Klang-Entwicklung aller Vogelarten, die vollständige Reihe ihrer Rufe, sämtliche Phasen ihrer Jugendgesänge, ihres winterlichen Dichtens, des sogenannten Stümperns, den vollen Artgesang der Reifezeit neben allen seinen Übergängen aufs Magnetophonband zu bringen und somit reproduzierbar, vergleichbar und analysierbar zu machen. Erst dann könne man an ein Studium der verschiedenen Vogelsprachen gehen! Wird so die alte Menschheitssehnsucht, die Sprache der Vögel verstehen zu können, durch unsere Technik realisierbar? Wieviel Kleinarbeit würde dazu gehören, nicht nur die

1 Erich Baeumer, »Sprache der Hühner«

verschiedenen Gesänge und Rufe tausender von Vogelgattungen aufzunehmen und zu registrieren: eine Vollständigkeit würde man erst erreichen, wenn man die Abweichungen von den Artgesetzen mit dokumentieren könnte. Wenn man feststellen würde, in welcher Umgebung der Vogel seinen Artgesang ändert, wenn man die so entstehenden »Dialekte« ebenso sammelte. Vitus Dröscher trägt sehr amüsante Forschungsergebnisse aus der Ornithologie zusammen[2], wie z. B. Dorn- und Mönchsgrasmücke streng ihren ererbten Gesang bewahren, Nachtigallen aber, Amseln, Buchfinken, Schamadrosseln und andere Singvögel »Gesangsstunde« bei ihren Vätern erhalten, solang sie noch kaum flügge Vogelkinder sind. Wie so ein Gesangsunterricht vor sich geht, wie der väterliche »Lehrer« eine Melodie so lange vorsingt und üben läßt, bis der Kinderchor ganz rein ist, gehört natürlich ebenso in die phonetische Bibliothek wie die durch keinen Zweckgesang gebundenen Morgen- und Abendlieder unserer Singvögel.

Dazu schreibt Konrad Lorenz: »Ein Kapitel aus dem Reich des Schönen innerhalb des arterhaltend Zweckmäßigen, das mich immer wieder zu intensivstem philosophischem ϑαυμαζειν[3] anregt, ist das Vogellied. Wir wissen wohl, daß ihm eine arterhaltende Leistung bei der Revierabgrenzung, der Anlockung des Weibchens, der Einschüchterung von Nebenbuhlern zukommt. Wir wissen aber auch, daß das Vogellied seine höchste Vollendung, seine reichste Differenzierung dort erreicht, wo es diese Funktionen *gerade nicht* hat. Ein Blaukehlchen, eine Schama, eine Amsel singen ihre kunstvollsten und für unser Empfinden schönsten, objektiv gesehen am kompliziertesten gebauten Lieder dann, wenn sie in ganz mäßiger Erregung ›dichtend‹ vor sich hinsingen. Wenn das Lied funktionell wird, wenn der Vogel einen Gegner ansingt oder vor dem Weibchen balzt, gehen alle höheren Feinheiten verloren; man hört nur eintönige Wiederholungen der lautesten Strophen, wobei bei sonst spottenden Arten wie dem Blaukehlchen die schönsten Nachahmungen völlig verschwinden und der kennzeichnende, aber unschön schnarrende angeborene Teil des Liedes stark vorherrscht.

Es hat mich immer wieder geradezu erschüttert, daß der singende Vogel haargenau in derselben biologischen Situation und in eben der Stimmungslage seine künstlerische Höchstleistung erreicht wie der Mensch, dann nämlich, wenn er in einer gewissen Gleichgewichtslage, vom Ernst des Lebens gleichsam abgerückt, in rein spielerischer Weise produziert.«[4]

Armstrong, dem wir sehr ausführliche Studien über den Vogelgesang verdanken, ist ebenfalls der Ansicht, daß der Singvogel, wenn er nicht gerade Revierkämpfe oder andere Zweckgesänge auszuführen hat, aus freiem, also künstlerischem Antrieb singt und mit Tönen spielt. Der Vogel sei im Besitz der Fähigkeit, Motive frei zu kombinieren, gleiche also hierin dem Menschen in seiner schöpferischen Tätigkeit.

Armstrong beobachtete, daß die Vögel eine gewisse Entspannung brauchen, um wieder neue Impulse für ihr Spiel mit den Tönen zu bekommen. Die Sänger verfügen sogar über ein gewisses Gedächtnis: eine Singdrossel, die von ihrem Sitz verjagt wurde, als sie gerade mitten in einer Phrase war, vollendete diese Phrase, als sie wieder richtig saß.

Ebenso führt Craig aus, daß der Gesang des Wood-Pewee als ein musikalisches Kunstwerk zu bewerten sei. Er berichtet, wie der Wood-Pewee ästhetische Auswahl übt, wie er sich manchmal nicht ganz schlüssig ist, ob er diese oder eine andere Phrase singen soll – alles Merkmale freier Musikalität.

2 »Die freundliche Bestie«
3 ›thaumazein‹, sich verwundern.

4 Konrad Lorenz in »Journal für Ornithologie« 1935.

G. Ruschke gibt den Hinweis, daß der Zaunkönig eine festgefügte, zusammenhängende Strophe hervorbringt, das Rotkehlchen demgegenüber aber ein anscheinend gänzlich improvisiertes Lied singt. Länge und Inhalt der Strophen werden sehr stark verändert[5]. J. C. Brémond vom Laboratorium für akustische Physiologie in Jouy-en-Josas in Frankreich beschäftigt sich seit Jahren mit Vogelstimmen und hat über 1300 Motive oder Tonfolgen des Rotkehlchens auf Band aufgenommen[6]. Wenn man von der Nachtigall rühmte, sie hätte 24 verschiedene Strophen, könnte man im Vergleich dazu die Fähigkeit des Rotkehlchens nicht als freies Komponieren bezeichnen? Zu dieser Lust am Fabulieren kommt noch seine Freude am Antworten, sein unermüdlich geübtes Spiel mit Tönen, die man ihm vorpfeift, die es nicht nachahmt, sondern die es umspielt wie ein Komponist ein gegebenes Thema. Nach vielen eigenen Erfahrungen mit ihm darf ich wohl betonen, daß ein Anlaß für den Rotkehlchengesang seine Vorliebe ist, Töne, die es hört, umzugestalten, musikalisch fortzuführen. Wie Goethe von den Farben sagt, die eine bedürfe der andern, bis der Farbkreis sich rundet, so bedarf ein Tonmotiv der Lösung durch ein anderes. Von selbst fordern die Töne auf zum Spiel mit ihnen. Es liegt in ihrer Natur, daß sie weitergeführt werden wollen bis zu einer gewissen Rundung, einer Vollendung. Es ist wunderbar zu beobachten, wie jedes nicht zweckgebundene Rotkehlchenlied in der Stimmung, wie sie Lorenz beschreibt, diese Rundung, diese Vollendung aufweist.

Diese Fähigkeit des freien Gestaltens mit Tönen wird dem artgebundenen Tier im allgemeinen abgesprochen. Nach Meinung des Menschen war ihm allein das Gebiet des künstlerischen Schaffens vorbehalten. Wie kommt es aber, daß wir so viel Verwandtes in den Stimmen des Vogels und des Menschen empfinden? Stellen wir zunächst fest, wie der Ton, der vom Menschen hervorgebracht wird, beschaffen ist; wir können sowohl den gesungenen wie den auf einem Instrument gespielten betrachten: Er ist als physikalische Erscheinung beweisbar. Die Luft wird in verschiedenartige Schwingungen versetzt, die mit längeren oder kürzeren Wellen an den Gehörapparat unseres Ohres dringen. Der so von uns gehörte Ton hat vier Eigenschaften: Höhe, Dauer, Stärke, Klangfarbe.

Der Laut, den wir *vom Vogel* hören, unterliegt denselben physikalischen Gesetzen – nur mit etwas anderen Resultaten. Wir können Höhe, Dauer, Stärke, Klangfarbe auch beim Vogelgesang unterscheiden. An Klangfarbe und Rhythmus (Dauer der einzelnen Töne) erkennen wir hauptsächlich die verschiedenen Arten der Vögel. Die verschiedenen Höhenlagen der Töne ergeben die Melodie. Was uns das Vogellied aber so nahe bringt, ohne daß wir uns dessen bewußt werden, ist die merkwürdige Tatsache, daß der Vogel im selben Tonsystem »komponiert« wie der Mensch, also in den Tonarten von Dur und Moll. Er singt Tonstufen wie Quinten und Terzen.

Zwei Wesen gibt es auf der Erde, die reine Töne als Gesang formen können, den Menschen und den Vogel. Nun ist man aber durch die hochentwickelte Aufzeichnungstechnik zu einer Wahrnehmung gekommen, die eine dem Menschen nur selten verfügbare Tonbegabung des Vogels bekundet:

»Der Vogelstimmenforscher Erwin Tretzel stellte durch spektrographische Analyse die erstaunliche Tatsache fest, daß Haubenlerchen die Pfiffe eines alten, unmusikalischen Schäfers nachahmten und diese Tonreihen in saubere Ganzton-Intervalle der C-Dur-Tonleiter ›übersetzten‹. ›Die Lerche hatte die Idee, die Idealgestalt dieses Motivs erfaßt und pfiff es so, wie der Schäfer es wohl gedacht hatte, aber nur selten zustande bringt...‹ Die Lerche trug alle Schäferpfiffe au-

5 Gerhard Ruschke, »Freilandbeobachtungen an Zaunkönig und Rotkehlchen im Stettbacher Tal« 1963, Band VII Heft 1 S. 47
6 Jean George, »Wie Tiere miteinander reden«, »National Wildlife.«

ßerdem viel reiner und musikalischer vor, schlanker im Ton und eleganter in der Tonfolge. Sie hat die Pfiffe gleichsam musikalisch veredelt.«[7]

Diese Feststellung führt uns in Bereiche der Tongebung, die mit seelischen und geistigen Fähigkeiten in Zusammenhang stehen. Wenn die Haubenlerchen aus instinktiver »Spottlust« die Pfiffe wiederholt hätten, also aus animalischer Reaktion, wäre die Umwandlung der Töne in reine Harmonie nicht vor sich gegangen! Die Aufzeichnung von Erwin Tretzel verdeutlicht, wie die Musikalität des Vogels in reiner Harmonie gegründet ist! Und es läßt sich klangspektrographisch beweisen, daß Vögel selbst in der gesangschwachen Periode des Jahres keine Schiefheiten, keine »falschen« Töne singen. Das »Stümpern« im Winter ist zart, ohne die Vehemenz des Frühjahrs. Aber es kommt nie vor, daß ein Vogel den Ton nicht trifft.

Die Tatsache, daß der Mensch sich oft mühen muß um den reinen Ton, der Vogel aber in ihm zuhause ist wie in Luft und Licht, stellt in gewisser Weise eine Verbindung her zu der Anschauung, die der Mensch in früherer Zeit über den Vogel hatte. Nicht nur die Fähigkeit des Fliegens machte ihn zum Mittler zwischen Göttern und Menschen: sondern dadurch, daß der Vogel einer höheren Klang-Sphäre angehört, vernahm man aus seinen Liedern Götterwort und prophetische Weisheit. Bei dem musikalisch sensibelsten der alten Völker wurde diese Fähigkeit geübt. Die Hellenen pflegten eine in der Welt einzigartige Beziehung zu Gesang und Ton. Sie, die mit unwahrscheinlich feinem Gehör begabt gewesen sein müssen, bekunden schon in früher Göttermythe ihr Wissen um Klang und Sprache und um die dichtenden Sänger: Vogel und Mensch.

Aus dem Zeushymnus des Pindar (der zwar verloren ist, den man aber seinem Inhalt nach genau kennt) erfahren wir, daß Zeus nach Vollendung der neugestalteten Welt die Götter, die in stummes Staunen versunken waren, fragte, ob noch etwas zur Vervollkommnung fehle. Und sie antworteten, es fehle noch eines, nämlich eine göttliche Stimme, diese ganze Herrlichkeit zu künden und zu preisen. Und so baten sie ihn, die Musen zu schaffen.

Die Vollendung der Welt vollzog sich nun im »Singen und Sagen« als Offenbarung des Göttlichen, vom Göttermund der Musen ausgesprochen.

Singend sprachen die Musen. Von dem Namen der Muse Μουσα stammt unser heutiges Wort »Musik«. Wenn wir dieses in den Mund nehmen, sollten wir uns daran erinnern, daß der Zauber der Töne, μουσικη, das Geschenk einer Gottheit ist.

Die Sänger und Dichter jener Zeit nennen sich ihre Diener und weihen ihr kultische Verehrung. »Diese Begnadeten sind sich klar bewußt, daß sie keinen Anspruch auf das, was wir so stolz Schöpfertum nennen, haben, sondern nur *Hörende* sind, *während die Göttin selbst die Singende ist.*«[8]

Die Ilias hebt an: »Singe, Göttin...« Und immer wieder beginnt Homer seine Hymnen: »Singe mir, Muse...«

Alkman, der Chordichter des 7. Jahrhunderts v. Chr., ruft in ekstatischer Verzückung aus, nachdem der Mädchenchor, für dessen Lied er den Beistand der Muse erbeten, seine Stimme erhob: »Die Muse tönt, die hellstimmige Sirene!«

Wenn wir uns in die Devotion vertiefen, die der Dichter der Göttin entgegenbringt, erfahren wir von einer Doppeloffenbarung, die ihm in der Welt der Töne widerfährt: Er, der so ganz der Muse hingegeben, sich nur als ihr Instrument betrachtet, sagt, daß er der Schüler der zungenfertigen Vögel sei!

Demokrit bezeichnet sich als Schüler der Nachtigall. Hesiod, als Hirte im Helikon beheimatet, schaut die

7 Zitiert nach V. B. Dröscher, »Die freundliche Bestie« S. 42

8 Walter F. Otto, »Theophania« S. 31

Musen als seiner Bergwelt entstammend: sie hätten ihm das Ohr geöffnet und die Lippen zum Gesang gesegnet. Aber auch für ihn steht der Vogel inmitten der Beziehungen zwischen Gott und Mensch: von ihm ist die älteste Fabel überkommen, in der er den Dichter als Singvogel darstellt.

Der Dichter lebte in dem Bewußtsein, daß sein Mund geheiligt, der Verkünder der Göttin war. Wenn er sich nun mit dem Vogel vergleicht, sich als Schüler des singenden Vogels bezeichnet, bekundet er damit, daß für ihn die Stimme des Vogels ebenfalls aus göttlichen Bereichen dringt. Für ihn leben zwei singende Wesen auf Erden, der Dichter und der Vogel. Aus beiden spricht der Gott. Aber der Vogel ist der Gott-Nähere, der Vollkommenere.

In der frühen Dichtung war der Vogel nicht, wie später zur Zeit des Hellenismus, spielerisches Beiwerk oder Symbol, sondern er war als Wesen mitbeteiligt am mythischen Geschehen. Und so mögen wir auch die Malerei auf einem der schönsten Ölkrüge betrachten. Das singende Vöglein zu Füßen der Muse, die auf dem Helikon sitzend ihre Kithara spielt, ist Mit-Akteur im mythologischen Bilde. Man sieht in den klaren Zügen der Göttlichen, wie sie auf den Klang des Saitenspiels horcht und zugleich auf den Gesang des Vögleins, dem sie mit ihren Füßen Platz macht. Gehen wir der Rundung des Kruges nach, so gewahren wir eine stehende Frauengestalt: die Genossin der Muse ist Zuhörerin, während am Doppelkonzert beteiligt die Muse und der Vogel sind! (Abbildung S. 96)

Auf einem Alabastron (Berlin) sehen wir, wie Buschor es ausdrückt, »einen seligen Chor vornehmster Frauengestalten aus dem Gefolge der Aphrodite.« Alles ist Klang in dieser Malerei. In einer Bewegung, die man mit Tönen vergleichen könnte, zieht ein tanzendes Mädchen vorbei, mit einem Arm die Kithara haltend, den andern erhoben: ein singender Vogel sitzt auf ihrer äußersten Fingerspitze.

Thamyris, der gerühmte Sänger und Leierspieler, Abkömmling Apollons und Freund der Musen, der mit Orpheus am Argonautenzug teilnahm, wünschte sich für seine Wiederverkörperung das Leben einer Nachtigall.

Sophokles deutet die Heiligkeit des Vogelliedes an durch die Worte der Antigone, mit denen sie ihrem blinden Vater den Hain der Eumeniden zeigt:

»Die Stätte hier ist heilig, leicht erkennt man es.
Von Rebe, Lorbeer, Öl umblüht: anmutig tönt
Zahlloser Nachtigallen Lied im tiefen Hain.«

Aber zum Verständnis des Begriffs Nachtigall müssen wir wissen, daß (nach Keller) unter dem altgriechischen Wort für Nachtigall, »aedon«, auch die andern Sylviden, Grasmücken, Finken und Rotkehlchen verstanden wurden. »Wenn Hesiod den aedon poikilodeiros nennt... so müssen wir unter dem bunthalsigen aedon einen andern Singvogel, etwa einen Finken verstehen.« Oder das Rotkehlchen?[9]

9 In Rom wurden die singenden Vögel, die in Griechenland heilig waren, als Unterhaltung der Damen gehalten, also als Zeitvertreib. Sie waren nicht mehr Künder der Götter, sondern wurden als Artisten gefeiert. Man gab sogar Konzerte mit abgerichteten Nachtigallen, oder diese sangen zu Instrumenten, die von Menschen gespielt wurden. Man zahlte Riesensummen für eine gute Sängerin, die wie ein Künstler-Star behandelt wurde. Man brachte ihnen sogar bei, menschliche Worte nachzuahmen. Besonders groß war der Triumph des Abrichters, wenn er es dahin brachte, daß mehrere auf Befehl einen Wechselgesang hielten. In Griechenland, wo die heiligen Vögel gehütet und geschont wurden, daß, wie Antigone sagt, »zahlloser Nachtigallen Lied ertönt«, wäre es undenkbar gewesen, daß man sie als Nahrungsmittel, als Leckerbissen gebrauchte, während aus Rom viele Zeugnisse vorliegen, daß sie auf die Tafeln der Gourmets wanderten.
Wie sehr der Singvogel zum Luxus der Römer gehörte, zeigt eine Notiz bei Keller: »In den Ornithonen der römischen Großen, wie sie am Ausgange der Republik von Varro beschrieben werden, pflegten Singvögel aller Art, besonders Nachtigallen und Amseln in weiten, drahtumsponnenen, pflanzengeschmückten Räumen gehalten zu werden. Im ersten Jahrhundert der Kaiserzeit scheint die Nachtigall der ge-

In der lateinischen Sprache erscheint später die nahe Verwandtschaft von Nachtigall und Rotkehlchen auch im sprachlichen Bild: Nachtigall ist luscina, Rotkehlchen ist lusciola, kleine Nachtigall.

Daß aber die beiden Vögel so unter einem verwandten Namen bekannt waren, hat seine Gründe. Erstens sind sie sich in Gestalt und Bewegung sehr ähnlich. Zwar ist die Nachtigall etwas größer, aber der schlankgezogene Körper, der feine Schnabel und besonders die typisch knicksenden Bewegungen lassen auf weitere Entfernung Verwechslungen aufkommen. Noch deutlicher bekennt sich Nicholas Cox (1674), wenn er von Robin Redbreast schreibt: dieser »little King of Birds« stehe in der Süße des Gesanges der Nachtigall nicht nach.

Wir haben aber mit der Erwähnung von Cox fast zweitausend Jahre übersprungen. Armstrong schreibt, daß erst in der Zeit nach der Renaissance der Vogelgesang eine ästhetische Würdigung findet. Wie aber verhielt sich der Mensch in den langen Jahren des Mittelalters, wenn er den Vogel vernahm?

In der Chronik der irischen Heiligen steht eine seltsam schöne Legende von dem Abt Mochaoi. Als er am Waldesrand Zweige zum Bau einer Kirche schnitt, hörte er einen Vogel im Schlehenbusch neben sich singen. Es war mehr in dieser hellen Stimme als in der Kehle irgendeines Vogels, den er je hatte singen hören. Mochaoi lauscht auf ihn wie verzaubert. Er fragt ihn ehrerbietig, wer ihm dies Entzücken bereite. Der Vogel antwortet sofort: »Ein Mann aus dem Volke meines Herrn«, das heißt ein Engel. »Heil«, sagt Mochaoi, »und warum das, o Vogel, der ein Engel ist?« »Mir wurde befohlen, hierher zu kommen, um euch in eurem guten Werke zu ermutigen, aber auch um der Liebe willen, die in eurem Herzen ist, euch eine Weile mit meinem Gesang zu ergötzen.« Darauf sang der Vogel eine einzige Weise von überwältigender Zartheit, steckte seinen Schnabel in die Federn seines Flügels und schlief. Mochaoi dünkte, weniger als eine Stunde sei über dem Gesang vergangen, aber er hörte die Schönheit und Unendlichkeit dieses Liedes dreihundert Jahre[10].

Die Vogelbücher der folgenden Jahrhunderte beschäftigen sich nicht mit dem Gesang des Vogels. Erst Buffon (1707–1788) macht in seiner Beschreibung des Rotkehlchens eine Andeutung über den »angenehmen und feinen Gesang, durch anmutige und rührende Töne gehoben.« Drei Aussagen aber werden trotz ihrer Verschiedenheit bedeutsam bleiben in den Diskussionen der heutigen Vogelstimmenforschung:

Der italienische Dichter Leopardi (1798–1837) faßt in seinem »Lob der Vögel« alles zusammen, was nach seiner Meinung die Vögel zu den heitersten Geschöpfen der Welt macht: »Wegen jedes Vergnügens und wegen jeder Befriedigung, die sie erleben, singen sie. Und je größer das Vergnügen oder die Befriedigung ist, desto mehr Schmelz und Innigkeit legen sie in ihren Gesang.«

Dies war für Jahrhunderte die Volksmeinung über den Vogelgesang. Man sagte auch, die Vögel sängen zu Gottes Lob und im Frühling Liebeslieder. Dieser Meinung waren auch die Vogelkundler der vorigen Jahrhunderte. Die Aussage von Brehm, das Rotkehlchen sänge feierlich, als ob es die wichtigste Arbeit seines Lebens verrichte, zieht sich, obwohl Brehm von heuti-

suchteste Stubenvogel gewesen zu sein. Man rühmte die wunderbare Stärke ihrer Stimme, die fabelhafte Dauer ihres Atems; ihr Gesang schien auf *tiefe musikalische Kenntnis* gegründet, und Enthusiasten behaupteten, in ihrer Kehle sei alles vereinigt, was die menschliche Kunst erfunden und auf viele Instrumente verteilt habe; jede Nachtigall habe ihren eigenen Gesang« (Keller, Tiere des Klassischen Altertums. Innsbruck 1887).

10 Aus »Iona« von Fiona Macleod. Durch Maurice de Sully, den Bauherrn von Notre Dame, kam die Legende nach Paris und wurde von ihm als Predigttext benutzt. Sie verbreitete sich in Varianten.

gen Wissenschaftlern nicht geliebt wird, durch die gesamte Vogelstimmenforschung: Es wird bezeugt, welche hohe Bedeutung der Gesang im Leben des Vogels hat, mit welcher Leidenschaftlichkeit der Vogel durch Töne seinem Leben Gestalt verleiht. Richard Gerlach, eine Dichterseele unter den heutigen Ornithologen, setzt das Rotkehlchenlied in Beziehung zu der Kunst Beethovens[11]. Und gerade auf diesem Gebiet macht die jüngste Vogelstimmenforschung die erstaunlichsten Entdeckungen: Durch sie wird, wie wir schon sahen, die bisherige Überzeugung des Menschen, allein über schöpferische Musikalität zu verfügen, in Frage gestellt.

Wir sehen uns in verschiedene musikalische Situationen versetzt: Der vom Menschen hervorgebrachte Ton kann Träger seelischer Substanz sein. Er kann seelische Gehalte dem Hörenden übermitteln, er kann aber auch den Hörenden von dem seelischen Zustande des Musizierenden unterrichten. Von alltäglichen Menschenlauten bis in die höchste Musik ist es uns selbstverständlich, den Ton als Vermittler seelischen Gehaltes zu verstehen. Wie ist es nun mit dem Ton zwischen

11 »›Mehr Empfindung als Tongemälde!‹ Diese Worte setzte Beethoven seiner Pastorale voran. In der Szene am Bach ertönt ein klagendes Motiv, vier sich schnell folgende Töne und zwei absinkende: ein Stück aus dem Rotkehlchengesang. Es sind die gleichen Intervalle, es ist der gleiche Rhythmus. So hat es Beethoven gehört, wenn er in der Abenddämmerung von Heiligenstadt nach Nußdorf ging.
Es ist das seelenvolle Lied der Gärten und des Waldes, wenn das Schweigen der Nacht mit dunklen Schatten heraufsteigt. Alle anderen Sänger sind schon auf ihrem Baum eingeschlafen.
Vom höchsten Zweig geflötet, klingt es feierlich in Moll, eine Koloratur, ein Jubilate, und doch wehmutsvoll, eine abwärtsperlende Tonreihe, wie eine Frage gedehnt, und dann wieder hinreißend wie das Wasser eines Gebirgsbaches. Schmelzendes Flöten wechselt mit gepreßteren Lauten. Die Tonlage ist hoch, höher als wir nachpfeifen können; nur einzelne metallische Laute reichen bis zu unseren Möglichkeiten herab.«(Richard Gerlach, »Die Gefiederten«, 1946)

Unterricht,
Was mit dem lieblichen Geschöpff,
Denen
Vögeln,
Auch ausser dem Fang,
Nur durch die Ergründung
Deren
Eigenschafften und Zahmmachung
Oder anderer
Abrichtung,
Man sich vor Lust und Zeit-vertreib
machen könne.
Zum andernmal gedruckt,
Und gegen der I. Edition, welche wider des Hn. Autoris
Willen und dessen Benennung edirt worden, auf die Helffte
vermehret, und mit mehrern Kupffern gezieret,
Durch einen
Die von GOTT, neben uns Menschen,
erschaffene Creaturen
Beschauenden Liebhaber.
Nebst einem Anhang
Von der Waidmannschafft.
Coburg,
In Verlag Paul Günther Pfotenhauer, 1707.

Ornithologie um 1700

Das Rothkehligen.

JSt eines von denen bekandtesten Vögelein/ weil es das gantze Jahr zu bekommen/ und in denen Zimmern leicht fortzubringen ist; an allen Geberden und Eigenschafften weiset es/ daß es eine Verwandtschafft mit der Nachtigall hat/ es singet aber nicht so wol/ jedoch an sich selbst nicht unangenehm; und wann man es neben einer Nachtigall in einem Gemach hat/ lernt es derselben viel nachmachen: und ist dieses an diesem Vogel zu ästimiren/ daß er gleichsam von Natur zahm ist: dann die erste Stund/ da er gefangen wird/ legt er alle Wildigkeit ab/ und kommt wohl/ wann man ihn in einem Zimmer frey lässt/ in wenig Tagen zu denen Leuten auf den Tisch geflogen: bey dem allen aber lässt sich dieser Vogel nicht gewöhnen/ vor beständig in einem Gemach aus- und einzufliegen/ man müste dann gantz nahe an einem Wald wohnen/ und ihm den Sommer über Ameis-Eyer geben: dann ob er schon/ so lang Schnee lieget/ gar leicht dahin zu bringen/ daß er wiederkommt/ wann man in der Stuben/ wo er ein Viertel-Jahr gewesen/ einen andern Vogel in einem Kefig hat/ und denselben das erste mal/ da man ihn auslässet/ nicht Lockens halben/ dann das Rothkehligen achtet keine Lock/ sondern nur zur Erinnerung unter das Fenster setzet/ so dauret doch diß nicht länger/ als biß der Schnee weggehet/ da er daraussen etwas bekommt/ was man ihm in der Stuben nicht geben kan/ und also ausbleibet. Männlein und Weiblein ist von einander nicht wol zu unterscheiden/ es geben sich aber die Männlein bald mit ihrem Gesang zu erkennen.

Vogel und Mensch? Können wir aus den Lautäußerungen eines Vogels seine seelische Verfassung erkennen? Am bekanntesten sind wohl die Schreckreaktionen von Hühnern, Gänsen, Putern. Auch Meisen am Futterbrett oder Spatzen ließen uns sicher schon das Gezeter des Schreckens hören. Um Freude wahrzunehmen, müssen wir jedoch mit feineren Ohren hinhören. Wie oben erwähnt, singt das Rotkehlchen ein anscheinend gänzlich improvisiertes Lied, in dem mehr als tausend Motive festgestellt wurden. Wenn es mir gelang, Töne zu pfeifen, die dem Vogel besonders gefielen, antwortete er darauf mit absonderlichen Tonlagen oder Klangfarben, die ihm im allgemeinen nicht geläufig waren. Man fühlte, wie sie ihm Mühe machten. Dann aber, wenn sie zu seinem und meinem Erstaunen glänzend gelangen, merkte man ihm unverkennbar seine Freude an, daß er so etwas fertigbrachte!

Bei Otto Koehler lesen wir: »Warum trommelt der Specht, warum singt der Vogel, warum sagt der Säumling errö? Ist es nicht überall die gleiche *Freude am Gelingen?*«[12] Es ist zu betonen, daß dieses Zeugnis über die Freude der Vögel am Gelingen von einem unserer bekanntesten Ornithologen stammt.

Daß aber Rotkehlchen durch Rufe und Gesänge gezielt etwas erreichen wollen und durch ihre Intelligenz auch treffsicher fertigbringen, bewies mir ein kleines Erlebnis:

Im März 64 war ich abends im einsamen Wolfsbrunn angekommen und hatte wie gewöhnlich gleich Kuchenkrümel ans Fenster gelegt. Frühmorgens wußte also mein Freund mit dem unvergleichlichen Gedächtnis, daß ich da bin. Er setzte sich vor das Futter- und Sonnenfenster und sang, was mich im Halbschlaf

12 Otto Koehler, »Der Vogelgesang als Vorstufe von Musik und Sprache«

fröhlichst ergötzte. Da ich aber noch nicht bereit war aufzustehen, verhielt ich mich still.
Der Herr wünschte jedoch mit mir zu singen. Und wie stellte er es an? Jetzt jedenfalls setzte er sich vor das kalte Fenster, das er sonst nie besuchte, und fing an, hier, wo er am dichtesten bei meinem Ohr war, die jämmerlichsten Ziiiieht-Töne von sich zu geben. Das Komische ist, daß diese Ziiiht-Laute schon für mich zu einem »Schlüsselreiz« geworden waren. Ich fuhr hoch und kniete mich aufhorchend auf mein Lager. Draußen hörte der Vogel, daß sich etwas bei mir regte, flog sofort zum Sonnenfenster herum, um mich nochmals mit einem Gesang aufzufordern.
Jetzt war ich soweit aufgewacht und antwortete ihm mit einer kleinen Melodie.
Der Vogel, der lange Wochen allein gewesen war, der nun am ersten Morgen alle List angestrengt hatte, um mich zum Singen zu bringen: jetzt war's ihm geglückt! Jetzt hörte er mich! Und diesen glückseligen Aufjauchzer, den er jetzt von sich gab, hätte ich gerne jeden Menschen hören lassen, der eines Vogels Freude nicht wahrzunehmen meint. Unverkennbar war diese Reaktion des Vogels reinste Freude, »Freude am Gelingen«, wie Otto Koehler sie versteht.
Es gibt also gegensätzliche Meinungen auch innerhalb der Ornithologie über die Möglichkeit der Wahrnehmung, ob der Vogel in freudiger oder schmerzlicher Stimmung singt. David Lack betont, daß dies unbeobachtbar sei. Über diese Aussage hinausgehend, die sich auf das Hören dessen bezieht, was für das physische Ohr wahrnehmbar ist, gibt Rudolf Steiner eine Anweisung, wie sich jeder dazu erziehen kann, tierisches Gefühlsleben aus Schrei oder Tongebung des Tieres zu erkennen:
»Wer den Schrei eines Tieres hört, wird außer diesem Gefühl in dem Tone noch die Offenbarung eines inneren Erlebnisses des Tieres, Lust oder Schmerz, verspüren... Er soll seine ganze Aufmerksamkeit darauf lenken, daß der Ton ihm etwas verkündet, was außer der eigenen Seele liegt. Und er soll sich versenken in dieses Fremde. Er soll sein Gefühl innig verbinden mit dem Schmerz oder der Lust, die ihm durch den Ton verkündet werden. Er soll darüber hinweg sich setzen, was *für ihn* der Ton ist, ob er ihm angenehm oder unangenehm ist, wohlbehaglich oder mißfällig; nur das soll seine Seele erfüllen, was in dem Wesen vorgeht, von dem der Ton kommt. Wer planmäßig und mit Vorbedacht solche Übungen macht, der wird sich dadurch die Fähigkeit aneignen, mit einem Wesen sozusagen zusammenzufließen, von dem der Ton ausgeht. Einem musikalisch empfindenden Menschen wird solche Pflege seines Gemütslebens leichter sein als einem unmusikalischen. Doch darf niemand glauben, daß der musikalische Sinn schon diese Pflege ersetzt. Man muß ... in dieser Art der *ganzen Natur* gegenüber empfinden lernen. – Und dadurch senkt sich in Gefühls- und Gedankenwelt eine neue Anlage. Die ganze Natur fängt an, dem Menschen durch ihr Ertönen Geheimnisse zuzuraunen... Schreitet er in solcher Pflege seiner Gefühle vorwärts, dann wird er bald gewahr, daß er *hören* kann, wovon er vorher nichts vermutet hat. Er fängt an, *mit der Seele* zu hören«[13].
Wenn wir Ohren und eine Seele haben, zu hören: welche Geheimnisse offenbaren sich uns aus Laut und Gesang der Vögel? Inwiefern ist das Vogellied von so hoher Bedeutung für den Vogel und, wie später auszuführen ist, auch für den Menschen, so daß die Aussage von Brehm als Charakteristikum gelten darf: das Rotkehlchen sänge feierlich, als ob es die wichtigste Arbeit seines Lebens verrichte? Die Beantwortung dieser Frage erstreckt sich von der physischen Realität des Vogellebens bis in die seelisch-geistige Wirkungswelt des Tones an sich.

13 Rudolf Steiner, »Wie erlangt man Erkenntnisse der höheren Welten?« GA 10

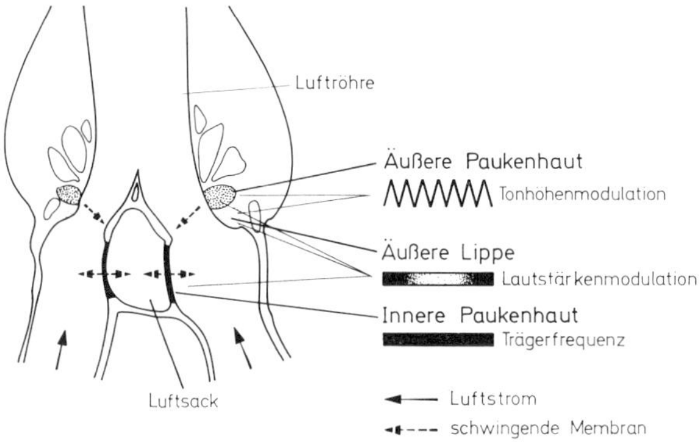

Längsschnitt durch die Syrinx eines Singvogels. Mit Angabe der Orte, wo wahrscheinlich Trägerfrequenz, Tonhöhenmodulationen und Lautstärkenmodulation erzeugt werden. Nach Thielcke

Berücksichtigen wir vorerst, welch ein empfindsamer Organismus es ist, der die für uns noch geheimnisvollen Gesänge hervorbringt: Wärme, Licht und Luft sind seine Elemente. Die zarte Antenne, die wir Vogelkörper nennen, ein leichtes Gebilde aus Lufträumen, hat als einziges Wesen auf der Erde die Syrinx, den zweiten Kehlkopf, das Wunderinstrument, das all das Rätselhafte der Stimmäußerungen hervorbringen hilft.
Das physische Instrument des Vogels ist weitgehend erforscht, wenn auch die Wissenschaftler noch vor manchen Rätseln stehen: Gerhard Thielcke[14] berichtet, daß ein Kohlmeisen-Männchen im Frühjahr die Fähigkeit hat, vier verschiedene Stimmführungen gleichzeitig zu singen. Er fügt hinzu: »Wie der Vogel das macht, wissen wir nicht«.
Einhundertfünfzig Melodien, die dem Repertoire von sechzig verschiedenen Vogelarten entstammen, hat der ungarische Ornithologe Peter Szöke aufgezeichnet. Szöke verlangsamte das Abspielen des auf Band aufgezeichneten Gezwitschers solange (manchmal 64-fach), bis er schließlich Einzeltöne getrennt hören konnte. Auf diese Weise gelang es ihm, den Vogelgesang nach Arten und sogar nach Funktion und Region zu unterscheiden. Nach Szökes Beobachtungen ist der Gesang der Vögel durchaus Musik. Manche Vogelarten verwenden beispielsweise ein fünftöniges System, das auch für die indianische, chinesische und koptische Musik kennzeichnend ist. Aus den Untersuchungen geht ferner hervor, daß die Vögel eine Art Dreiklang kennen und daß man bei ihnen auch Anlagen für das Transponieren von Melodien in eine andere Tonart findet, eine Eigenart, die bisher als spezifisch menschliche Fähigkeit eingeschätzt wurde[15].
Die Motive des Rotkehlchengesangs entspringen den verschiedensten Regungen seiner empfindsamen Seele. Die Kämpfe zur Erhaltung des Reviers führt er mit allen Mitteln seiner klingenden Stimme. Wollen wir dem »Helden« absprechen, daß er Glück und Wonne dabei empfindet? Die Kampfes-Fanfare paart sich mit der Schaustellung vor der Partnerin. Da saust herein die Wut über die rote Brust, die sich im Rivalen vor ihm auftut. Da spielt hinein die Lust im Sonnenwinde und die Schönheit der Landschaft, die schaukelnde Wiege der für die Größe des Vogels immensen Höhe des Tannenwipfels, auf dem er singt.
Was vermag die zauberhaften Strophen zur Zeit des Sonnenaufgangs auszulösen? Alles, was in der Landschaft webt, wird Ton in der Kehle des Vogels. »Ein Tierwesen ist eben nicht an den Grenzen seiner physischen Gestalt zu Ende, sondern umfaßt unsichtbar einen Teil der Umgebung und der Mitlebewesen.« *(H. Poppelbaum)*
Ein Bedeutendes aus der geistigen Sphäre des Tons

14 Gerhard Thielcke, »Vogelstimmen«

15 Peter Szöke, Wissenschaftlicher Mitarbeiter der ungarischen Akademie der Wissenschaften Budapest, zitiert nach »Die Welt« v. 14. 10. 1972

kommt noch hinzu, das wir bisher nur mit den Adjektiven zauberhaft oder bezaubernd streiften. Nehmen wir diesen Worten die konventionelle Hülle, so bleibt ein sehr realer Kern. Zauber beruht auf magischer Kraft, und in früheren Jahrhunderten kannte man die Gesetzmäßigkeiten dieser Kräfte sehr genau. In der Zeit der echten Mythe war der Mensch noch offen, geistige Wesenheiten wahrzunehmen, ja er pflegte wohl dauernden Umgang mit ihnen. Um sich vor unheilbringenden Wesen zu schützen, wandte er die entsprechenden »magischen« Mittel an, den Zauber. In der Antike und im Mittelalter kannte man die Macht des Flechtens und Bindens. In den Kirchen von San Vitale Ravenna und Torcello (7. Jh.) sehen wir zwischen Ranken und Akantusblättern kleine Vögel mit einem Bändchen um den Hals, dessen Ende als Schlinge in der Luft flattert. Kurt Goldammer vermutet, daß man in ihnen noch antiken magischen Kultbrauch erkennen kann.

Die gleiche magische Kraft, die in Bildnissen liegt, kann durch Bewegungen, durch Tänze hervorgebracht werden und – mit oder ohne Zusammenhang mit diesen – vor allem durch Töne, durch Musik.

Bei den rhythmischen Begleitungen der Tänze primitiver Völker ist deutlich die Wirkung berauschender, mitreißender Tonfolgen wahrzunehmen, und solange Menschen mit Tönen umgingen, ist die Gewalt der Beschwörung in offener oder bis in die feinsten Differenzierungen verborgener Art geübt worden.

Wie im Bild-Zauber können wir auch in der Ton-Magie die unendliche Reihe der Mittel bis in unsere Zeit verfolgen, von der Flöte des großen Pan, der Verwandlungskunst des Orpheus, den Sirenen neben dem Odysseus-Schiff, der singenden Loreley – bis zu den Schallplatten, die in Amerika bei Operationen benutzt werden, damit die Patienten in ein anderes Reich versetzt werden und den Schmerz der irdischen Sinne nicht spüren.

Durch sehr genaue Kontrollen an uns selber, durch stilles Versenken in das, was Töne uns zu sagen haben, nehmen wir Wirkungen einzelner Töne und verschiedener Tonreihen auf uns wahr. Machen wir Versuche in dieser Richtung: Lassen wir einen tiefen, glockenartigen Ton in großen Abständen wiederholt auf uns wirken. Setzen wir diesen Versuch lange fort, indem wir in innerer Sammlung verharren. Ändern wir danach den Ton ins Entgegengesetzte: so daß wir einem sehr hohen Staccato-Ton, der eiligst hintereinander angeschlagen wird, ausgesetzt sind.

Fangen wir nach dieser Zeit an, sehr einfache Veränderungen mit dem Ton vorzunehmen, in Klangfarbe, im Rhythmus seiner Wiederholungen, in allmählich mehr sich ändernden Tonschritten, Tonarten, wir werden eine ganz neue Beziehung zum Ton finden und werden Wirkungen der Töne auf uns entdecken.

Nun ist unserm Rotkehlchen seit eh und je die Kunst zugeschrieben worden, solche Wirkungen zu erzielen, und die heutige Wissenschaft fügt, ohne das Wort Zauber oder Magie zu gebrauchen, durch die Resultate aus Experimenten eine Bestätigung hinzu. Sie sagt: das Rotkehlchen wendet alle Überredungskünste schöner Töne an, um den Gegner zu warnen, um direkten Kampf zu vermeiden. Bleibt die Warnung aber ohne Erfolg, dann greift es mit der Wucht gewaltiger Töne an, denen der Eindringling selten standhält.

Daß bei den Anlockungsliedern eine gewisse »Bezauberung« seiner Partnerin vor sich geht, wird niemand leugnen. Erstaunlich aber mutet uns eine Sitte des Rotkehlchen-Männchens an: wenn seine fleißige, tüchtige Frau, die alle Arbeit des Nestbaus und des Brütens allein macht, beim Fertigen des Nestes müde wird, setzt er sich daneben und treibt sie mit Gesängen an. Man hat noch nicht herausbekommen, was er ihr da vor-

Kraniche ⊳

singt; sind es süße Schmeicheleien, sind es Aufmunterungen, vielleicht Drohungen, oder ist es einfach die mitreißende Magie des Tons, die alles Müdesein verscheucht?

In den romanischen Sprachen entdecken wir etymologische Hinweise für den »Zauber des Gesanges«. Italienisch heißt Zauber: incanto, so als ob man jemand in Schlaf singt. Bezaubernd: incantévole; wenn hier das Einsingen noch mit dem Wort fliegen verbunden wurde, ist der Vogel nicht weit, der Zaubernde. Das französische enchanter: bezaubern, ist gleichen Ursprungs.

Die Vor-Aristoteliker nannten die gesamte Einheit der menschlichen Aussage μουσικη (musiké). Sie war das Formwerden der Äußerungskraft des Menschen durch Ton, Sprache, Rhythmus und Tanz (Gebärde) in untrennbarer Verbundenheit. Georgiades[16] weist darauf hin, daß auch die Hexameter des Homer nicht nur in rhapsodischer Lautgebung, sondern durch Tanzrhythmen dargestellt wurden. Die Inspiration, die der Sänger durch die Muse empfing, ergriff ihn in seinem vollen Menschentum. Der ganze Mensch war Instrument des zu verkündenden Götterwortes, und zwar unter der Bindung strenger Gesetze, die er nicht willkürlich durchbrechen durfte.

Ist der Vogel nicht ein Götter-Instrument ähnlicher Art? In strenge Gesetze der Gattung und der Singweise gebunden, dennoch im ganzen Wesen ergriffen von dem, was zum Ausdruck kommen muß, getrieben von empfindsamer und leidenschaftlicher Seele?

In der »Musiké« des Vogels, der ja als Lehrer des Menschen angesehen wurde, äußert sich das Wesen des Vogels so universell wie beim Menschen in Ton, in Strophe, in Rhythmus und Gebärde. Sind die Geranos, die Tempeltänze auf Kreta, die Theseus um ihrer Schönheit willen nach Delos brachte, nicht den »Geranos«, den Kranichen abgelauscht, den anmutigsten Tänzern, die Bewegung mit Ruf untermalen? In jeder Art herrscht strengster Rhythmus, strengste Gesetzlichkeit.

Nach der Zeit des Aristoteles wurde den Dichtern und Sängern Freiheit zu eigenem Ausdruck gegeben. Man begann Dichtkunst, Musik und Tanz als separate Künste zu üben. Unsere abendländische Musik entwickelte sich als selbständiger Kunstzweig, der dem komplexen Ausdruck des Menschseins entnommen wurde.

Eine gewisse, an die Musiké erinnernde Zwischenstufe nimmt heute noch die Kunst des Sängers ein, wenn sie nicht ins Virtuosentum absinkt. Der Sänger vermag Ton, Sprache, Rhythmus und Gebärde zur Einheit einer vollkommenen Aussage zusammenfließen zu lassen. Sie führt in die Bereiche der Eurythmie hinein, die die Vögel in wunderbarster Weise demonstrieren. Wenn wir genügend sehen und hören, werden wir es bemerken.

Wie vor einem negativen Gegenbild dieser vollkommenen Musiké der lebenden Wesen, die natürlich auch eine weit stärkere magische Beschwörungskraft als der Ton allein hat, stehen wir heute vor dem sehr schwierigen Problem der Überforderung unserer Aufnahmefähigkeit. Durch ein Übermaß des Hörens und Sehens verlieren wir die Fähigkeit, das in unserem Innersten zu »empfangen«, was es in einem Formungsprozeß verwandeln und an uns heranbringen kann, was den individuellen Wert für uns ausmacht. Wer sich heute in harmloser Weise von der »Musik« und der »Schau« der Massenmedien unterhalten lassen will, ist sich nicht bewußt, daß er sich gewaltigen Mächten ausliefert.

Erinnern wir uns noch einmal des Wortes von Portmann, daß wir den Ansprüchen der technisierten Welt nicht gewachsen sein werden, wenn wir nicht Verbin-

16 Thrasybulos Georgiades, »Musik und Rhythmus bei den Griechen«. Zum Ursprung der abendländischen Musik. Hamburg 1958

dung suchen mit den Organismen, die wir nicht gemacht haben und nicht »machen können«, mit Pflanze und Tier. Retten wir unsere Ohren hinein in die Stille, wo die ganze Natur anfängt, »dem Menschen durch ihr Ertönen Geheimnisse zuzuraunen«. Versuchen wir zu verstehen, was Michael Bauer meinte: »Das Begehren der Menschen ist voller Lärm, es übertönt soviel von der Musik der Welt.«

Da, wo die Geheimnisse anfangen, beginnt die Musik der Welt, wo die Sterne erklingen und eine Vogelstimme zum Künder wird, zum Zauberlaut, in dem der Wald dreihundert Jahre versinkt. Hier fängt unsere Seele an zu hören, und sie hört mehr und Gewaltigeres, als unser Ohr registrieren kann.

Hier sind wir in Gebieten, die weit über menschliches Fassungs- und Vorstellungsvermögen gehen, wo der Vogel sein eigentliches Wesen im Zusammenhang mit ätherischen und astralischen Bereichen legitimiert: »Im Gesang der Vögel leben die Seraphim«[17].

Daß Musik durch die Kraft der Beschwörung verstörte und kranke Menschen heilen kann, wußten schon die Pythagoreer. Gesundheit sei Harmonie des ganzen menschlichen Organismus, die Musik trage bei zu der Harmonisierung des Menschen, zu der »Reinigung der Seele«, wie sie es ausdrückten. Platon fordert die strenge Einhaltung der Gesetze der »Musiké«, da er ihr den höchsten Einfluß auf die Seele des Menschen und besonders der Jugend zuschreibt. Eine Änderung der Musik würde eine revolutionierende Wirkung auf die Jugend ausüben. Bis in die Gesetzgebung würde sich eine neue Musik auswirken. »Die Harmonia aber, welche mit den Umkreisungen der Seele in uns verwandte Umläufe hat, erscheint dem, welcher vernunftgemäß des Umgangs mit den Musen pflegt, nicht als zu einem bloßen vernunftlosen Vergnügen, wie man es jetzt ansieht, bestimmt, sondern sie ist uns von den Musen als Helferin verliehen, um den in Zwiespalt geratenen Umlauf der Seele in uns in Ordnung und Übereinstimmung mit sich selbst zurückzuführen.«

Auch Aristoteles, für den die »Musiké« nur noch aus den musikalischen Mitteln Melos und Rhythmus bestand, bezeugt, daß sie die Fähigkeit besitzt, »eine bestimmte sittliche Beschaffenheit der Seele zu bewirken.« Die Tiere sind in den Bannkreis der von den Göttern stammenden Musik mit einbezogen (Apollon, Orpheus, Pan). In der finnischen Kalevala singt und spielt der alte Väinämöinen, »dieser ewge Zaubersprecher«: »Kein Getier war da im Walde, das nicht käme zuzuhören und in Freude zu bewundern.« Es gab dort keinen von allen, die ihm lauschten, keine Helden, keine Jungfrauen, »denen nicht die Tränen kamen, deren Herzen schnell nicht schmolzen.« In unserer Zeit wird die Heilkraft der Musik in mancherlei Weise, bewußt oder unbewußt, zur Wirkung gebracht. Beginnt diese nicht schon mit dem Wiegenlied, mit dem die Mutter das weinende Kind beruhigt, mit dem summenden Ton, der die leise schaukelnden Arme begleitet? In der Heilpädagogik und Medizin ist der Klang der Leier und mancher schöner Konzertmusik in die Therapie aufgenommen. Eine große Aufgabe erwächst den Ärzten der heutigen Zeit durch die Überforderung des Menschen in unnatürlichen und krankmachenden Lebenssituationen. Man versucht, den Patienten in heilsamer Natur wieder zur Ordnung seiner gestörten Funktionen zu bringen. In diesem Zusammenhang ist man auf eine besondere Idee gekommen: So wie der Vogel Fenus im Märchen den kranken König heilte, so versucht man heute, den Vogelgesang als Heilfaktor für erholungsbedürftige Menschen einzusetzen: In Kurbädern pflegt man die Sänger der Vogelwelt unter Anleitung von Fachleuten. Man konnte den Bestand der Singvögel zum Teil um 40% erhöhen. Die Idee der Vogelpflege entsprang der Erkenntnis, daß mehr noch

17 Rudolf Steiner in einem Gespräch mit der Gräfin Keyserling (mündliche Überlieferung)

als menschliche Musik, heute meist in elektrischer Übertragung, die Sphäre der reinen Harmonie der Vögel dem kranken Menschen zur Ordnung, zur »Reinigung der Seele« verhelfen kann, zum Atmen in freier Luft, zu dem Bewegungsspiel, für das der Vogel ein so beglückendes Vorbild ist.

Die Forschung ist dabei, nicht nur die Musikalität der Vögel mit der des Menschen zu vergleichen und als ähnlich zu bezeichnen: sie schafft auch die Bestätigung, daß der Vogel höhere Fähigkeiten innerhalb der Tongebung besitzt. Die Griechen hatten recht, ihn ehrfurchtsvoll als Lehrer anzusehen. Er steht mit der Sphäre der reinen Vollkommenheit in Verbindung.

So mögen wir dem kleinen Rotbrüstigen lauschen, der zu den uns am meisten bezaubernden Sängern unserer Landschaft gehört. Er kann uns viel von der »Musik der Welt« vermitteln, wie sie Michael Bauer versteht. Was sein irdisches Vogelleben ausmacht, Kampf, Angst um die Brut, Not bei Hunger und Kälte, durch böse Vogelnachbarn und durch Menschenhand, dies alles, seine Erdenmaterie, vermag er umzusetzen in das Geistige des reinen Tons, in das Wahre des überirdisch Schönen. Nur vollzieht sich alles, was wir über ihn erfahren konnten, unbewußt. »Im Baum, du kleines Vöglein dort ... ›Ich singe‹ singt noch nicht in dir«, damit deutet Christian Morgenstern auf das noch nicht vorhandene persönliche Ich.

Aber der Mensch darf hören. Er darf sich selbst durch Vertiefung in den Ton die Pforte in die Welt öffnen, aus der das Geistige des Tones fließt. Ob er nur Hörer oder selbst Musiker ist: hier in der Lauterkeit der Musikalität vereinen sich die beiden singenden Wesen auf der Erde, Mensch und Vogel, in wunderbarer Kommunion gebend und empfangend. Durch sie kann dem gefährdeten Luftgürtel der Erde die heilende Welt der Töne, der Musiké wieder eingefügt werden. Und die von der Muse Ergriffenen haben teil an der »Erhebung und Erleuchtung des Geistes, in der das Wunder des Singens und Sagens möglich wird«[18].

18 Walter F. Otto, »Die Musen« S. 31

Rauchschwalbe ⊳

Vogel und Mensch heute

Berichte und Stimmen aus Wissenschaft und Dichtung

Die Zusammenstellung der folgenden Dokumente soll ein Bild vermitteln, wie nach der Entwicklung in einen immer deutlicher werdenden Materialismus hinein eine Wendung im Verhältnis von Mensch und Tier, von Mensch und Vogel eingetreten ist. Die Verhaltensforschung beobachtet das lebende Wesen, nicht das getötete, Dichter sind beeindruckt von den geheimen Wundern der Vogelwelt und öffnen den Menschen den Sinn dafür. Tierschützer sehen, was Gewinnsucht und Gedankenlosigkeit unter den gefährdeten Gattungen anrichten, und setzen selbstlose Hilfsaktionen in Bewegung, um der katastrophalen Vernichtung Einhalt zu tun. Wie innerhalb der Bevölkerung diese Ideen aufgegriffen werden, wie man Notsituationen erkennt und mit liebevollem Herzen die geschundene Kreatur rettet und pflegt, davon zeugen zahllose Berichte in Literatur und Presse. Nachfolgend können nur einige Beispiele gegeben werden, die aber für eine Wendung des menschlichen Verhaltens zum Bewußtwerden des Geistigen sprechen.

FRANK THIESS

Das Vogelhaus

Plötzlich hörte Jones eine ganz hohe silberhelle Vogelstimme ein Lied singen. Wie der kristallene Strahl einer Fontäne stieg es in die Stille empor, lief in blitzenden Skalen über Dur in Moll, sank langsam ab, erhob sich noch einmal zu einem wehmütigen Motiv und endete mit einem süßen Triller.

Er schaute erstaunt auf Paradisi, über dessen faltiges Antlitz ein Lächeln der Befriedigung glitt, als habe man auch dieses winzige Tonwunder seiner Kunst zuzuschreiben.

Jones erinnerte sich nicht, jemals einen solchen Gesang aus Vogelkehlen vernommen zu haben. »Was war das für ein Vogel?« fragte er. Pisani stand auf. »Kommen Sie«, sagte er und ging ihm in den Nebenraum voraus. Jones stand etwas schwankend auf, ging aber gestreckten Schrittes zur Tür. Paradisi folgte.

Dieses Zimmer unterschied sich von dem, darin sie gesessen, so auffallend, daß Jones erstaunt an der Schwelle stehen blieb. Nach der einen Seite war die Wand aufgebrochen, der Raum setzte sich in einer Glasveranda fort, deren hohe Fenster man indessen, wie bei einem Photographen, beliebig durch Rollvorhänge bedecken konnte. Überall standen große Kübel mit Oleander-, Gummi- und Lorbeerbäumen. Auch die Hauswand war mit Pflanzen, die aus breiten Kästen wuchsen, bedeckt. Das Licht der Abendsonne lag über dem Gewirr grüner Blätter, herabhängender Zweige und blühender Ranken, die zum Teil so dicht waren, daß sie schattige smaragdschimmernde Winkel bildeten. Auch von der Zimmerdecke her schwebten Pflanzenkörbe, über deren Rand Zweige herabfielen, die im Zugwinde leicht schwankten.

Jones riß die Augen auf, als müsse er sich Gewißheit geben, daß er nicht träume. Das grün-goldene Licht im Raume, durchwoben von dem Duft der blühenden Pflanzen, die zitternden Sonnenflecken an der berankten Wand, die schweigende Ruhe des Greises, der mildsüße Rausch, dessen sanfter Dunst um seinen Kopf wie eine durchsichtige Wolke lag...

Was ihn aber am meisten verblüffte, war, daß dieser Zimmergarten ein einziges großes Vogelbauer zu sein schien. Von überallher zwitscherten und zirpten kleine Vögel, die frei herumflogen, auf den Zweigen der Bäume saßen, von den Rändern der Blumenkörbe neugierig auf die Eintretenden blickten und keine Scheu zu kennen schienen, obwohl Paradisi und Jones dem Alten fast bis in die Mitte des Raums gefolgt waren. Pisani blieb vor einer rot blühenden Kamelie stehen und stieß einen ganz dünnen, gläsernen Pfiff aus. Ein gelbliches Vöglein mit blauem Kopf kam angeflattert, setzte sich zutraulich auf seine runzelige Hand und zwitscherte mit einem hohen Stimmchen, als wollte es ihm etwas erzählen.

Der Greis machte Paradisi ein Zeichen, der Jones schweigend bedeutete, er möge hier stehen bleiben und sich nicht bewegen. Der kleine Vogel zwitscherte kaum hörbar, eine Pause entstand, dann begann er auf Pisanis Hand sitzend zu singen.

Jones fühlte ein Frösteln über seinen Rücken laufen. Das unwirklich-zarte Stimmchen flötete zuerst ein kleines Motiv, dann schien sich die winzige Brust in der Lust des Singens zu weiten, und aus dem offenen blauen Schnäbelchen quollen quirlende, perlenhaft aufschimmernde Töne von unsagbarer Durchsichtigkeit und Inbrunst. Der akustische Zauber dieses Vorgangs war von solcher Süße, daß Jones mit aufgerissenen Knabenaugen auf das singende Wunder starrte und von einer seltsamen Rührung und Beglücktheit ergriffen wurde.

Die Hand des Greises zitterte nicht, sie war so ruhig

wie die eines großen Chirurgen. Jones konnte sein Gesicht nicht erkennen, glaubte aber aus der Haltung des singenden Vogels zu entnehmen, daß sein Blick auf den Sänger gerichtet war. Das winzige Geschöpf schien sich in seliger Gebanntheit nach und nach vollkommen im Liede zu verlieren. Es sang nicht mehr, es war Stimme geworden, mystisch-reiner Urlaut der Natur, tönendes Auge Gottes, ein Zauberquell, aus dem Lichtkaskaden stürzten, die der Mensch nur in geweihter Stunde zu hören vermochte.
Pisani machte eine kaum merkliche Bewegung mit dem Kopf. Der kleine Sänger beendete sein Lied mit einem perlmutterfarbenen Triller, schwieg und flatterte davon.
Doch sein Gesang schien die übrigen Vögel angeregt zu haben; hie und da setzten aus den Zweigen der Bäume und von den Rändern der hängenden Blumenkörbe Stimmen ein. Ein schimmernder, sonnenblitzender Regen von Tönen durchperlte den Raum, steigende Tonleitern, die aus Zauberblumen geflochten waren, süß-gurgelnde Triller, als zerstöben diamantene Tautropfen im Regenbogenglanz morgendlicher Geisterstimmen. Ja, es mutete Jones geisterhaft an, jenseitig, überirdisch, dieses tonwirbelnde Hallelujah aus seligen Vogelkehlen, dieses Steigen und Fallen in zuckenden Klanglichtern, in winzigen Flötenmotiven, tanzenden Triolen und melodischen Sonnenfunken.
Er rührte sich nicht, wagte nicht den Blick auf Paradisi zu richten, der neben ihm stand und lächelnd-verklärt lauschte.
Pisani drehte sich zu Jones um: »Wenn es Abend wäre, würde ich Ihnen mein größtes Tonwunder vorführen, eine Nachtigall, die schöner singt als alle, die Sie jemals gehört haben. Freilich, wenn Johanni vorüber ist, schweigt sie und übt nur noch ein wenig. Sie haben also nicht mehr viele Tage Zeit, sie zu hören.«
Jones nickte stumm.

Paradisi sagte leise: »Zeigen Sie ihm noch die Lerche, Maestro. Oder den Imitatore.«
Pisani schaute sich um und pfiff, doch anders als er es vorhin getan. »Nun, komm schon, Imitatore«, sagte er halblaut, »versteck dich nicht.«
Jones vernahm ein Schwirren, ein Flattern, dann flog ein olivfarbener Vogel mit grauen Flügeln um Paradisi herum, setzte sich auf seine Schulter, stob wieder davon und ging schließlich auf dem schwankenden Zweige eines Oleanderbaums nieder, dicht vor dem Meister, der eine kleine silberne Flöte aus der Tasche zog und ein vogelähnliches Lockmotiv hören ließ.
Sogleich begann es wieder in den Bäumen und Pflanzen zu zwitschern und zu singen. Abgerissene Liedfetzen flatterten wie Rosenblätter durch den Raum.
»Ihr habt zu schweigen!« sagte Pisani zu den übrigen. »Jetzt wird Imitatore singen.« Und zu Jones gewandt: »Meine Nachtigall, Raffaele, hört es nicht gerne, wenn Imitatore seine Kunst zeigt, doch sie läßt sich wieder versöhnen. Also fang nur an.«
Der olivgrüne Vogel ließ sich nicht lange bitten, er öffnete ein paarmal das Schnäbelchen, und gleich darauf ertönten einige leise Übungsläufe, als wolle er seine Stimme erst warm werden lassen. Pisani pfiff ihm etwas vor, worauf er eine zirpende Antwort gab und mit seinen munteren schwarzen Äuglein den Meister beinahe vorwitzig anblickte. Danach klappte er den Schnabel ungemein weit auf und zeigte, indem er die Luft ausstieß, eine winzige schwarze Zunge, klappte ihn gleich wieder zu und flog fort.
»Oho, das gibt es nicht!« rief Pisani (auch jetzt halblaut, wie denn überhaupt alle Gespräche mit gedeckter Stimme geführt wurden). »Du entwischst mir nicht, Imitatore!«
Der kleine Vogel hatte sich auf den Wipfel eines großen breitästigen Gummibaums gesetzt, blickte von dort zu Pisani hinunter und begann plötzlich ohne alle Überleitung zu singen.

Jones packte Paradisis Hand. Weil er nichts anderes als ein zartes Vogellied erwartet hatte, erschrak er fast vor der Kraft, die aus der Kehle des kleinen Sängers brach. Ein Jubelton ohnegleichen erfüllte den Raum, stieg wie eine Leuchtrakete empor und entfaltete sich in blendender Lichthöhe in einem abfallenden Funkenregen von Tönen. Und nun begann der Sänger fast täuschend das Lied der Nachtigall nachzuahmen. Die sanfte Schwermut ihrer Klage, die Inbrunst ihres vollen, leidenschaftlichen Tones, das funkelnde Geschmeide ihres sich in weiten Intervallen ausschwingenden Gesangs, sogar den herzergreifenden, lang hinhallenden Triller mit seinem rufenden Zickü-Zickü-Zickü-Lauten brachte er auf eine Art heraus, die an Wunder grenzte. Und doch war etwas in seinem Gesange verändert; ihm fehlte der mondschimmernde Zauberton der Liebe, dieser aus Nachttau und Tränen gesponnene Schluchzer des träumenden Waldes. Er hatte die Wucht des Sonnenlichts, und die Kraft seiner Stimme schwoll am Ende zu einer so mächtigen und strahlenden Fülle des Tons an, daß Jones der Raum viel zu eng schien, um diese jubelnde Melodie des Lebens aufzunehmen. Auch die Koda war Imitatores ureigener Besitz. Sanft abflutend in ein melancholisches Moll, lief sie in eine chromatische Tonfolge aus und endete mit einem scherzhaft-stakkatierenden Motiv, das er in eine winzige Flötenfigur versinken ließ.
»Gut gemacht, Imitatore!« lobte Pisani. »Und jetzt sollen Sie noch Carino kennenlernen, meine Lerche. Sie wird Ihnen keine große Arie vorsingen, das dürfen Sie von ihr nicht erwarten, und doch ist dieser Vogel mir fast der liebste von allen, weil er eine kleine Lichtbrücke ist, die unsere Erde mit dem Himmel verbindet.«
»Fliegen die Vögel Ihnen nicht davon?« fragte Jones erstaunt, als er sah, wie Pisani die große Glastür zum Garten öffnete.
»Nein und ja«, lächelte der Alte. »Carino fliegt davon, denn er kann nur oben, weit oben singen«, er wies mit der runzeligen Greisenhand zum Himmel empor, »aber er kehrt wieder zurück. Er ist noch jedesmal zu mir zurückgekehrt.«
Danach begab er sich zu einem Lorbeergebüsch, das in einem grüngestrichenen Holzkasten gepflanzt war, und breitete vorsichtig die Zweige auseinander. »Carino?« rief er mit seiner zärtlichen dunklen Stimme. »Oh, er hat sich versteckt. Imitatore scheint ihm zu laut gesungen zu haben. Laß dich nicht lange bitten, mein kleiner Sänger, zeig deine Kunst.« Er schloß wieder die Zweige und blickte sich suchend um. »Es sind alle miteinander kleine Racker«, fuhr er fort, »stets bereit, mir einen Scherz zu spielen. Wir schelten einander manchmal aus, doch keiner meint es ernst, wenn er böse scheint, alles ist nur Spiel; darum können sie auch so schön singen. Es ist kein Staubkorn in ihren Herzen.«
Plötzlich raschelte es in dem Gezweig eines dichten Staudengewächses, das aus fetter Erde wuchs. Ein dunkelgrauer Vogel schoß empor und setzte sich auf die offene Glastür.
»Da bist du ja, Carinello«, nickte Pisani lächelnd und streckte seine Hand nach ihm aus, doch nicht so, als ob er ihn fangen wollte, sondern mit einer fast segnenden Gebärde, sanft und groß, die an die Gebärde in Michelangelos Schöpfung erinnerte, mit der Gott Adam berührt.
Die Lerche ließ ein flüsternd-zirpendes Geschwätz hören, hob die Flügel und stand auf einmal bebend in der Luft, stieg auf, flatternd und leise zwitschernd, stieg in kaum sichtbaren Rucken empor und hub zu singen an. Die drei Männer bewegten sich nicht. Mit erhobenen Köpfen starrten sie ihr nach.
Das Lied war eins von denen, wie es Jones schon hundertmal gehört haben mochte, wenn um die Morgenfrühe die Lerchen sich aus dem Acker ins Licht schwangen. Dennoch meinte er, heute zum erstenmal

das Geheimnis dessen zu ahnen, was man Gesang nannte. Und obwohl er gänzlich unmusikalisch war, weder Noten lesen noch selbst richtig singen konnte, drang mit dieser leuchtenden Klangspur, die sich vor seinen Sinnen in die Luft zeichnete, etwas in ihn ein, dessen seelenverwandelnder Macht er nicht widerstehen konnte. War es der Jubel des Lebens selber, dieser unbegrenzte und ungeheure Drang, über den Tod hinaus, ja über sich selbst hinaus in das Herz Gottes zu stürzen? Eins zu werden mit allen webenden, wogenden, verbrennenden und zeugenden Kräften der Natur? Was erregte ihn bis zu Tränen? Wie konnte ein winziger Federball, den er eben noch als unscheinbaren kleinen Vogel vor sich gesehen, auf den Wink des alten Zauberers schwerelos emporsteigen in den Riesendom des Himmels und dort weit über den Äckern, Gärten und Straßen der Menschen im Wolkenlosen ruhen, den weiten Raum erfüllend mit den zitternden Tonströmen seiner Wunderkehle? Nicht ein Vogel sang, nein, der kaum noch sichtbare Leib des heiligen Geschöpfes hatte sich aufgelöst in Licht und Gesang, war nicht Körper mehr, nicht Kehle und Gefieder, sondern Stimme, tönender Odem Gottes, der uns alle erfüllte und um den wir nur in seltenen Stunden unseres Lebens wissen...

Nur Pisani, der Greis, der Macht über diese scheuen und zartesten Wesen der Natur besaß, stand gebückt an der offenen Pforte. Seine Augen waren halb geschlossen, sein Kopf leicht zur Seite gebeugt. Auch er lauschte. Befand sich in diesem gebrechlichen Körper die geheimnisvolle Kraftstation, von der ein Strom bis zu der kaum noch sichtbaren Lerche in der Höhe ausging? Hielt er sie mit den magischen Kräften seines Geistes an sich gebannt? Und wenn dies so war, aus welcher Tiefe strömten sie? Waren sie am Ende eins mit denen, die dem Vogel droben die Kehle öffneten, das die Jubelfontänen seines Liedes auf den Sonnenstrahlen wie auf einer Harfe spielten? Der Alte hatte von einer Lichtbrücke gesprochen, die unsere Erde mit dem Himmel verbindet. Von welcher Art war diese Brücke? Welchen Wesen war es erlaubt, über die Brücke zu gehen?

Aus »Caruso in Sorrent«, Teil I

Nur wer das Haften am Vergänglichen überwindet, der kann selbst unvergänglich werden wie die ewigen Urbilder, der kann ruhen zwischen den Flügeln des großen Vogels Aum.

RUDOLF STEINER

Aus »Anweisungen für eine esoterische Schulung«, 13. April 1906, Berlin

IWAN ARAMILEW

Schwäne am Tschan-See

Der sibirische Frühling ist launenhaft. Gestern noch war es warm, in der Stadt aber begann es zu frieren. Der riesige Tschan-See bedeckte sich mit einer bläulichen Eisschicht. Und nicht genug damit, zeigte mein Reisebarometer eine weitere Verschlechterung an.

Am Morgen verkroch ich mich in meinem Zelt, das ich auf einer der vielen kleinen Inseln des Sees errichtet hatte. Die Sonne ging auf, ein klarer Tag brach an. Zauberhaft glitzerte die Seeoberfläche; auf mich aber machte dieser Zauber keinen Eindruck, denn die lautlose Stille ringsherum war mir unheimlich: Gestern noch waren die Zugvögel in dichten Scharen über den See geflogen. Die einen hatten sich niedergelassen, um vor ihrer Weiterreise nach dem Norden auszuruhen, andere wieder suchten sich hier an den Ufern des Sees Brutplätze aus. Und all das aufgeregte Vogelvolk hatte die Luft mit einem hundertstimmigen Gezwitscher und Geschrei erfüllt.

Und nun sind diese lieben Gäste, vertrieben von dem so plötzlich einsetzenden Frost, wieder nach dem Süden zurückgeflogen! Sogar die Habichte – es waren sehr, sehr viele gewesen – sind vom Himmel weggefegt.

An Jagd war nicht zu denken. Ich wollte eben das Zelt verlassen, um mein Glück mit Fischfang unter dem Eis zu versuchen, als vom Süden her das laute »Klu-kli-kli« einer gewaltigen Zahl von Schwänen ertönte. Ich wandte mich um und sah tatsächlich eine riesige Schar. Mit schrillem Geschrei zogen sie über dem gelblichen Schilfstreifen dahin, der die Ufer des Sees bedeckte. In der Nähe meines Zeltes ließen die Vögel sich nieder. Ich war grenzenlos erstaunt: Alle anderen Vögel hatten den zugefrorenen See verlassen – nur die Schwäne blieben hier? Worauf konnten sie denn hoffen?

Die Vögel spazierten auf dem Eise hin und her und schnatterten eifrig. Wer weiß, vielleicht beratschlagten sie, wie lange dieser Frost dauern würde, wie stark das Eis sei und was sie jetzt, da sie kein Futter fanden und nicht schwimmen konnten, beginnen sollten?

Plötzlich erhob sich ein alter Schwan, machte eine Bewegung, als ob er sich zum Fluge aufschwingen wollte und schlug mit seiner Brust hart auf das spiegelglatte Eis. Es war ein überaus heftiger Schlag! Das Eis gab zwar ein wenig nach, hielt aber stand. Mit zäher Beharrlichkeit wiederholte der Vogel seine Schläge. Die anderen Vögel verhielten sich ruhig, während ihr Führer die Eisdecke zu durchstoßen versuchte. Schließlich brach das Eis. Es bildete sich eine kleine Öffnung. Der Schwan bearbeitete mit seiner Brust unablässig die Ränder dieser Öffnung, wodurch er sie allmählich vergrößerte. Zu seiner Unterstützung gesellte sich nun der eine oder andere seiner Kameraden. Und nach kurzer Zeit beteiligte sich die ganze Schwanenschar an der Erweiterung des Loches.

Die Öffnung erreichte schließlich die Größe eines kleinen Teiches, und wie auf Kommando hörten die Schwäne mit ihrer Arbeit auf. Sie schwammen eifrig zwischen den Eisstücken umher und tauchten ihre Köpfe in das blaue Wasser des Tschan-Sees. »Klu-kli-kli« ertönten wieder ihre Stimmen. Und welch eine Freude war in diesen Lauten – die Freude des Sieges! Nur etwa vierzig Meter trennten mich von den Schwänen. Beide Läufe meiner Flinte waren mit grobem Schrot geladen. Was für eine prachtvolle Doublette hätte das abgegeben! Aber – wie könnte sich da eine Hand erheben? Um die glücklichen Vögel nicht zu beunruhigen, kroch ich behutsam aus meinem Versteck, hängte meine Flinte über die Schulter und ging davon. Meine Jagdtasche war leer, aber trotzdem erfüllte mich dieses Erlebnis mit einer solchen Befriedigung, daß mir schien, ich hätte die allerseltenste Beute meines ganzen Jägerlebens nach Hause getragen...

Höckerschwan

J. TERNIK

Treue

Der Frühling kam mit Verspätung. Es war schon April, aber immer noch trug der riesige See eine Decke von Eis, das zwar schon porös und stellenweise grünlich war, für die morschen Boote der Jäger jedoch ein unüberwindliches Hindernis bildete. Nur ganz langsam schmolz es in der Sonne, es fehlte ein warmer Regen. Lediglich im Röhricht brachten um die Mittagszeit die Sonnenstrahlen einige kleine von einem schwärzlichen Wasserpflanzengewirr bedeckte Flecken zum Auftauen. In einem versumpften Winkel des Sees – »Sparstrumpf« hieß er bei den Jägern –, den man weder schwimmend noch zu Fuß erreichen konnte, verstummte der Chor zahlreicher Vogelstimmen niemals. Das gesamte gefiederte Volk pflegt in diesem unzugänglichen Schlupfwinkel den Tag über zu rasten, ehe es mit sinkender Dämmerung weiterflog, dem Norden zu.

Die Sonnenscheibe berührte bereits die Wipfel des fernen Waldes, als melodisch klingende Stimmen laut wurden: Die erste Kette Schwäne glitt über den See dahin. Die Vögel flogen ohne Hast, gewannen langsam an Höhe, überzeugt, daß nichts den Frieden des kaum erwachten Frühlings bedrohe.

Kaum aber passierte sie die Nahtstelle, die jenen »Sparstrumpf« vom Rand des See-Eises trennte, als von einem nahen Busch her ein Schuß krachte. Blauer Rauch stieg steil über den Schilfwedeln auf und entfernte sich allmählich von dem Versteck, in dem sich irgendein gewissenloser, undisziplinierter Schütze verborgen hatte.

Rascher bewegten die Schwäne daraufhin ihre Schwingen. Unruhe klang in ihren Stimmen mit. Nur einer von ihnen bog nach dem Schuß wie im Krampf den eleganten Hals und schlug heftig mit den Flügeln. Noch erregter, noch lauter tönten die Rufe der Schwäne, die ihren verwundeten Gefährten umkreisten, als wollten sie ihn mit den Schlägen ihrer Fittiche in der Luft gleichsam halten. Der aber hatte die Formation bereits verlassen, flog zwar noch geraume Zeit hinter den andern her, blieb dann jedoch mehr und mehr zurück, allmählich an Höhe verlierend. Weit, weit vom Ufer weg, noch weiter von seinen Artgenossen entfernt, ließ sich der große Vogel mitten auf dem riesigen Eisfeld des Sees nieder.

Die abziehenden Schwäne hatten sich inzwischen in ihrer Kette neu geordnet. Da löste sich plötzlich ein einzelner aus der Formation; seinen Platz nahm sofort ein anderer ein, und die Vögel setzten den begonnenen Flug eilig fort.

Leise Rufe ausstoßend, kehrte jener Abgesandte um, die mächtigen Fittiche auf und nieder bewegend. Über der Stelle, wo der verletzte Schwan auf dem Eis hockte, beschrieb er einen Kreis und ging dann tiefer herab. Mit vorgerecktem Hals verfolgte der andere seinen Flug, lockte, rief um Hilfe. Schmerzliche Verlassenheit, aber auch freudige Erwartung schwangen in seiner Stimme. Der in der Luft schwebende Gefährte gab ihm kurz und beruhigend Antwort und war wenig später gleichfalls auf dem Eis gelandet. Der Verletzte hob beglückt den Kopf und stieß einen triumphierenden Schrei aus, als wolle er die ganze Umgebung zum Zeugen seiner Rettung anrufen.

Die Hälse vorgestreckt, standen beide Vögel auf dem Eis und hielten Zwiesprache miteinander. Dann humpelten sie langsam in Richtung Ufer davon, voran der Verletzte, der vorsichtig die schwarzen Füße aufs Eis aufsetzte, ihm nach sein Begleiter.

Kuckuck. Zeichnung einer 14jährigen Schülerin ⊳

So watschelten sie über die endlose Fläche des Sees, legten Pausen ein, verständigten sich untereinander und bewegten sich schnurstracks auf den in der Ferne dunkelnden »Sparstrumpf« zu, wo noch Artgenossen rasteten. Und als die beiden an dem bewußten Strauch vorüberkamen, über dem noch die blauen Wölkchen des Pulverdampfes zu hängen schienen, störte selbst da nichts ihre friedliche stolze Prozession. Mit keinem Geräusch, keiner Bewegung beraubte jener Unbekannte diese große Freundschaft und Liebe ihres Zaubers, der wohl über das Böse und die Habgier im Herzen des verborgenen Schützen den Sieg davongetragen hat.

FRANZ WERFEL

Hymnus an die Vögel

Vögel, der Engel Verwandte,
Gespielen der preisenden Schar,
Die Gott zur Erde entsandte
Und bannte ins hiesige Jahr.

Verzwergt ist euer Gefieder
Im Luftzug der Niederkunft,
Und die Rühmungen eurer Lieder
Sind zum Gezwitscher verschrumpft.

Doch wenn ich sehe und höre,
Wie ihr jene Ulme umjagt,
Dann denk ich der Mächte, der Chöre
Am Thron, der das All überragt.

Dann kann ich im zuckenden Wesen,
In der Unruh, die hinpfeilt und kreist,
Den Leicht-Sinn der Seraphim lesen
Und den drängenden Botengeist.

Dann schmilzt im Gewirr und Geflitze
Die Ulme mir golden davon,
Und Schwalben der Allmacht wie Blitze
Umfahren den raumlosen Thron.

JAN WELZL

Frühlingshoffnung im Polarmeer: the arctic-bird

Als es – um Mitte März – nach der traurigen Polarnacht zu dämmern begann, ging ich aus der Grotte heraus auf den Fels, von wo ich die dunkle, riesige Eisfläche des Ozeans übersehen konnte. In dieser Zeit war der Sturm bereits vorüber. Wir konnten schon herausgehen. Wir besuchten uns, betrachteten den Himmel von der Spitze der verschneiten Felsen und schauten nach dem Arctic-Bird, dem Vogel des Polarfrühlings, aus. Der Arctic-Bird ist ein weißer Vogel, der wie eine Taube aussieht. Er kommt plötzlich vom Süden her geflogen und fliegt direkt nach Norden auf den Pol zu. Er erreicht angeblich den 89. Breitengrad, wo er umkehrt. Wir sehen ihn auch, wenn er zurückfliegt. Dieser merkwürdige Vogel fliegt immer ganz allein, niemals in Scharen. Er fliegt sehr hoch und langsam und ist von der Sonne beleuchtet, auch wenn wir unten noch keine Sonne haben. So sehen wir die ersten Strahlen der Frühlingssonne auf den Flügeln dieses Vogels, der hell in unsere Dämmerung hineinleuchtet. Die Einheimischen sind wie wahnsinnig, wenn dieser leuchtende Vogel am dunklen Himmelszelt fliegt. Sie betrachten ihn als den größten Gott des Nordens, weil er die Sonne bringt. Und tatsächlich, wenn er dann nach einigen Tagen zurückkehrt, steht die Sonne bereits am Himmel. Und wir alten bärtigen, abgehärteten Männer stehen still auf dem Felsen und schauen ihm nach, bis er verschwindet, und verstehen die Eskimos, die die Hände nach ihm ausstrecken und jauchzen. Ich habe niemals diesen Vogel aus der Nähe gesehen, und ich zweifle, daß sich ein Mensch fände, der es fertigbrächte, diesen Verkünder der Sonne abzuschießen. Ich will nicht einmal daran denken, was mit dem Menschen geschähe, der den Vogel töten würde.

FRANCIS JAMMES

Der Dichter ist in seiner Welt allein,
Erschöpft vom Wege und bedrückt von Schmerz.
Er wartet – ach, es wird vergebens sein! –
Am Blumenbeet auf ein mitfühlend' Herz.
Er fleht zu Gott. Der schweigt. Er kann nicht mehr!
Wie Donnerschlag bedrückt ihn Kummer schwer.

»Was hat der Wille über mich erkannt?
Aus deiner Freude selbst bin ich verbannt!
Ganz ausgedörrt von meinem schweren Leid.
Komm wieder! Schenke mir die Munterkeit
Des Vogels, der im Baum sich singend regt.
Warum dein Zorn mich wohl in Stücke schlägt?«

»Ich pflüge deine Seele. Sei geduldig, Kind!
Du leidest, weil das Schicksal es bestimmt.
Oh, laß mich in dir wohnen, auch wenn Wind
Den Sträuchern ihre letzten Rosen nimmt!
Bleib! Sieh, ich brauche deine Qual,
Die Tränen, die in deinem Auge stehn.
Du Vogel, der mir singt am Kreuzespfahl,
Rotkehlchen meiner Seele, willst du von mir gehn?«

»Ich will auf deinem dorngekrönten Haupt
Süß für dich singen, Herr, im Todesgrau'n,
Wenn einst der Kranz erglühend sich belaubt,
Gewähr' dem Vogel, dort sein Nest zu bau'n!«

OTTO GILLEN

Der Eisvogel

Zu Beginn des Jahres 1944 wurde ich auf einen einsam in baumloser Einöde gelegenen Flugplatz versetzt. Ein elendes Barackenleben begann. Ich litt sehr unter der Stumpfheit der Kameraden, der Trostlosigkeit des Ortes, der Eintönigkeit des Dienstes. Endlich hob der Vorfrühling an, verheißungsvolle Winde summten und flüsterten über die Ebene. Es war März, und ich wurde unvermutet auf eine Dienstreise nach Donauwörth geschickt. Am offenen Fenster des Zuges stehend atmete ich in vollen Zügen die vom tauenden Schnee erfrischte Luft, sah von den Bergen und Hügeln die Wasser rinnen, weiße Enten auf den Teichen vor den Dörfern und, einmal hüben, einmal drüben, die Wasser der Wörnitz in vielen Biegungen und Windungen sich durch das Tal schlängeln. Mit einem Male fiel mir, ich weiß nicht, wie ich darauf kam, eine Stelle aus Ernst Wiecherts Roman »Das einfache Leben« ein, an der vom »saphirnen Blitz« des Eisvogels die Rede ist, der an dem Kapitän und Marianne vorüberzuckte. »Ich habe noch nie im Leben einen Eisvogel gesehen«, ging es mir durch den Kopf. Dann war der Gedanke daran ebenso rasch versunken, wie er gekommen war, und neue Landschaftsbilder nahmen meine Sinne gefangen.

Als ich in Donauwörth den Bahnhof verließ, folgte ich dem Strom der Menschen, der sich stadtwärts bewegte. An einer Stelle der Straße bemerkte ich einen kleinen, grasbewachsenen Seitenweg. Irgend etwas zog mich, dort einzubiegen. Kurz darauf stand ich am Ufer des Flusses, der träge im Schatten hoher Bäume dahinschlich. Ich hatte mich kaum recht umgesehen, als ich zu meinem nicht geringen Erstaunen einen Eisvogel an mir vorbei über das Wasser schwirren sah. Ich hätte diese Erscheinung wahrscheinlich nicht sonderlich beachtet, wenn ich mich nicht sogleich jenes Augenblicks im Zuge erinnert hätte, in dem es mir durch den Sinn gegangen war, warum ich wohl noch nie einen Eisvogel gesehen habe. Aber ich konnte mir damals noch nicht denken, daß diese seltsame Begegnung mit dem Märchenvogel eine besondere Bedeutung für mich haben sollte. Sie hatte es in der Tat. Es wurde, allen bisherigen Erwartungen und Erfahrungen entgegen, ein reiches, gesegnetes Jahr. Ich gewann in dem Pfarrer des benachbarten Kirchdorfes einen guten Freund, ich bekam eine eigene Stube, in der ich nach Herzenslust meinen Büchern leben konnte, ich wurde häufig auf Dienstreisen geschickt, so daß meine Einsamkeit eine angenehme Lockerung erfuhr, kurz, seit dem Aufblitzen der grün-blauen Schwingen vor meinen Augen am Ufer der jungen Donau hatte mein trostloses Dasein eine gute Wendung erfahren.

Ich begann aber erst dann mein Schicksal mit dem Eisvogel in Verbindung zu bringen, als mir meine zweite Begegnung geschah. An einem trüben, von lautlosem Nebelregen durchsättigten Herbsttag – es war der 21. September – stand ich auf einer Brücke im fürstlichen Park zu Öttingen und blickte lange verloren auf das träge, mit welken Blättern bedeckte Wasser hinab. Ich erinnere mich nur noch, daß ich einmal bemerkte, wie sich am Ufer im braunen Laub etwas regte: es waren Enten, ganz der Farbe ihrer Umgebung angepaßt, unsichtbar für das Auge, das nur flüchtig über sie hingestreift wäre. Ich verfiel wieder in einen Zustand träumerischer Abwesenheit, als ich plötzlich zusammenzuckte: der Eisvogel schwirrte auf und unter mir her durch die Brücke nach Westen zu. Ich machte mir auf dem Rückweg zum Flugplatz meine Gedanken darüber und war nicht sonderlich überrascht, als ich anderntags in früher Morgenstunde geweckt wurde. Eine Ordonnanz erschien und meldete, daß ich mich sofort fertigmachen müsse, eine Anzahl Leute, darunter auch ich, müßten zur Front ausrücken.

Wir lagen in einem von Woche zu Woche enger zusammengedrückten Brückenkopf im Elsaß. An einem Sonntagnachmittag gegen Ende Januar stand ich nach einem weiter als sonst ausgedehnten Wege an der Schleuse eines vereisten Kanals und betrachtete die funkelnden Gebilde der Eiszapfen am Ufergebüsch. Plötzlich bemerkte ich auf einem Ast den Eisvogel. Wie ich näher hinzukam, flog er auf und ließ sich ein wenig abwärts auf einem kahlen Busch nieder, um schließlich, als ich dorthin folgte, nach Westen davonzuschwirren. Nicht viel später geriet ich in Gefangenschaft und wurde über die Vogesen nach Frankreich hinein fortgeschafft.

Winter, Frühjahr und Sommer gingen hin, ich kam von einem Lager zum anderen, vom östlichen bis ins mittlere Frankreich. Es war keine Aussicht auf ein Ende der schweren Zeit des Darbens und Wartens. Im Lager zu Ch. fand ich einen Freund, der mit einem besonderen Ausweis das Lager täglich verlassen konnte, um die Wohnung eines im unweit entfernten Chateau untergebrachten französischen Offiziers in Ordnung zu bringen. An einem milden, goldgelben Herbsttag nahm er mich auf meine drängenden Bitten einmal mit. Wir schlenderten durch den alten Park, dessen hohe Bäume und silbern überhauchte Rasenflächen das entwöhnte Auge in Verzücken versetzten. Endlich ließ mich der Freund am Ufer eines kleinen Baches allein mit dem Bemerken, ich könne hier ruhig verweilen, er wolle mich in etwa einer Stunde wieder abholen. Da saß ich nun in der träumerischen Stille des Herbstnachmittags, verloren in das schummrige Geläut der kleinen blinkenden Wellen, die über die vermoosten Steine hineilten, und beobachtete in der von Sonnenreflexen durchzitterten Uferbucht zu meinen Füßen das Spiel der kleinen Fische. Als ich einmal – ich weiß nicht, aus welcher Ursache – die Augen erhob, flog der Eisvogel, gefolgt von seinem Weibchen, vorüber. Mein Herz stand für einen Augenblick still, ein unsagbares Glücksgefühl durchströmte mich, und vor meiner Seele stand das Bild der fernen Braut, von der noch keine Nachricht zu mir gedrungen war.

Als der Freund zurückkam, wäre ich ihm fast um den Hals gefallen. »Ich komme heim!« rief ich ihm zu. Er sah mich verständnislos an. »Du wirst sehen«, sagte ich, »daß ich recht habe. Ich habe den Eisvogel gesehen!« Er hielt mich offenbar für geistesgestört und machte nur einen schwachen Versuch, mir die Unmöglichkeit meiner Hoffnung darzulegen. Um so erstaunter war er, als er kurze Zeit danach erfuhr, daß ich mich unter den ganz wenigen befände, die entlassen werden sollten.

Es wurde wieder Frühling, und ich war in der hochgemuten Stimmung des Bräutigams, der nach langer Trennung von der Braut die Hochzeit zu feiern sich anschickt. In der Nacht vor dem Hochzeitstag hatte ich ein seltsames Traumgesicht. Ich sah mich in einer lichten Winterlandschaft am Ufer eines völlig unter einer weichen Schneedecke begrabenen Baches, vor mir zwei Drähte wie von einem Zaun; dahinter, auf einem kahl in den Himmel ragenden Ast, saß – der Eisvogel. Es ging mir, als ich ihn erblickte, durch den Sinn, daß ich ihn noch nie aus solcher Nähe habe sehen können, und ich beugte mich behutsam vor, um ihn genauer betrachten zu können. Er war keine fünf Schritte von mir entfernt auf der anderen Seite des Baches und blieb ruhig sitzen. Plötzlich wandte er den Kopf und blickte mich an mit Augen, wie ich sie so schön noch bei keinem Wesen gesehen hatte, Augen wie die eines Engels. Ein amethystener Glanz von überirdischer Schönheit leuchtete mir entgegen und durchdrang mir beglükkend und verzaubernd Herz und Seele. Zugleich entfaltete er sein Gefieder, und eine Farbenpracht, die nicht von dieser Welt war, öffnete sich wie die Innenseite eines zauberhaften Fächers vor meinen Augen.

Die paradiesische Schönheit der Erscheinung ließ mich mit klopfendem Herzen erwachen.
Wollte mir der Vogel in dieser Nacht, nahe vor dem Ziel eines langen und harten Weges, sagen, daß er mich treulich bis in diese Stunde hinein geführt habe und nun Abschied nehme? So glücklich mich die wunderbare Erscheinung machte, so bedrückte mich doch ein wenig das Gefühl, fürderhin ohne den geheimnisvollen Boten durch die wechselnden Täler und Höhen meines Schicksals wandern zu müssen.
Nach allem Vorangegangenen brauche ich nicht zu sagen, daß mir der Traum Trost und Zuversicht gegeben hat. Aber wenn ich alles miteinander bedenke, so vermag ich es nicht, diese seltsamen Erscheinungen hinlänglich zu erklären. Was soll man dazu sagen? Unsere Augen sind gehalten, und unsere Sinne sind stumpf. Wir stehen in einem zwielichtigen Raum voller Drohung und Gefahr, zwischen abgründiger Finsternis und dem Licht der Höhe, in der Hand von unerkennbaren Mächten, und sind doch nicht dem blinden Zufall preisgegeben. Wenn schon Schicksal sich erfüllen muß, so gibt es doch auch Boten der Liebe, uns zu trösten und zu stärken, daß wir nicht gänzlich verzagen.

PIERETTE MAGNE

Der Zutrauliche

In einem schönen Herbst ist der Oktober mit seinen golden leuchtenden Tagen einer der geheimnisvollsten Monate. In unseren Breiten läßt sich, finde ich, nichts besser mit ihm vergleichen als die zweite Maihälfte. Im Oktober liegt das Geheimnisvolle in der erwartungsvollen Stille. Die Zugvögel sind fortgeflogen, und die Mauser hat die Stimme der Seßhaften zum Schweigen gebracht. Vereinzelte Töne wie die kräftig betonten Laute des Zilpzalps oder das kurze Krächzen des schwarzen Hausrotschwanzes stören die ein wenig fieberhafte Heiterkeit der Atmosphäre ebensowenig wie die merkwürdig musikalischen Rufe der durchziehenden Bachstelzen.
In den schönsten und wärmsten Stunden – gelegentlich auch in der Dämmerung – dringt jedoch eine Tonfolge zu uns, die immer wieder erneut einsetzt, immer wieder aufgenommen wird, nachdem sie schon verklungen zu sein schien. Die zahllosen Variationen ergreifen den Hörer in gleicher Weise wie die vom Nebel verschleierte Landschaft, und ihr Klang ist so zart, daß man schon in geringer Entfernung daran zweifelt, ob man wirklich etwas vernommen hat. Der Gesang ist so innig verbunden mit der Jahreszeit, mit der Umwelt, er beschwört so sehr die Erinnerung an den vergangenen Sommer, daß unser Herz ebenso unruhig wie das des Sängers schlägt, der über das Sterben der Natur zu klagen scheint.
Läge nicht dieser Zauber im nachsommerlichen *Gesang des Rotkehlchens*, ich hätte nicht von ihm erzählt. Denn abgesehen von der Nachtigall – und glücklicherweise auf eine weniger aufdringliche Art – ist kein Vogel von den Lobsängern ländlicher Idylle

öfter geschildert worden; er ist der Freund des Menschen, ein Unglücksgefährte des armen Holzfällers, und was derlei Redensarten mehr sind.
Wahr bleibt, daß das Rotkehlchen ein lieblicher Sänger ist, und das nicht nur im Herbst. Wenn man es in dieser Jahreszeit öfter hört, kommt das daher, daß es die Brutzeit und die Mauser hinter sich hat und sich den Wohnungen der Menschen nähert. Anscheinend fühlt es sich von gegenseitiger Zuneigung, aber auch deshalb zu ihnen hingezogen, weil es von Natur aus mit allem Futter vorlieb nimmt und bei den Menschen die Nahrungsquellen findet, die ihm die bittere Zeit winterlicher Entbehrungen etwas versüßen. Aber schon vom Februar an, ehe es noch wieder in den Wald zieht, beginnt es mit seinen Liedern, gleichzeitig mit der Misteldrossel und früher als der Buchfink und die Goldammer.Doch ist es im wesentlichen ein Waldvogel; in ihm verkörpert sich die Melodie des Waldes wie in den Pilzen der Duft und in den Himbeeren der Geschmack. Dort lebt es, dort pflanzt es sich fort, und dort läßt es sich an manchen Maienabenden hören. Gewiß singt es auch untertags, aber seine zarte Stimme wird leicht von den kraftvolleren Sängern übertönt. In der Dämmerstunde dagegen, wenn die anderen Vögel schweigen und kaum in der Ferne des Waldes eine Amsel oder Drossel, mit denen es nahe verwandt ist, dem sinkenden Tag ihre Abschiedsgrüße zurufen, sitzt der kleine Sänger hoch oben im Wipfel einer Tanne; zweifellos durch die feierliche Stille der Stunde und der Stätte dazu ermutigt, bietet er die orangerote Brust den Strahlen der untergehenden Sonne; sie scheinen ihn mit ihrem Feuer entflammt zu haben, und er verkündet mit der Begeisterung eines echten Poeten alle Gefühle, deren sein Herz voll ist.
Wenn einer unter den Vögeln als Poet bezeichnet werden kann, ist es das Rotkehlchen; die Vielfalt seiner Empfindungen zeigt sich ebenso in den unendlichen Abstufungen seines Gesangs wie in dem Ausdruck seiner schwarzen Augen. Es liebt die Einsamkeit und ist ein wenig ungehobelt; sind die Brutgeschäfte beendet, trennt es sich von seinem Weibchen und verfolgt es wie einen Feind; wahrlich, man kann von einem Poeten nicht verlangen, daß er auf unbegrenzte Zeit die tägliche Sorge für die Familie übernimmt! Das Rotkehlchen duldet in seinem Umkreis keinen Rivalen, nicht nur zur Paarungszeit – da ist es verständlich –, sondern ebenso im Winter. Dann scheint die Verteidigung eines bestimmten Bezirks, den es sich zu seinem Lebensraum erkoren hat, zum wichtigsten Antrieb seines Daseins zu werden. Das geht so weit, daß es wütende Kämpfe liefert, um seine Einsamkeit und Unabhängigkeit zu schützen.
Was können wir für das Rotkehlchen tun? Es nimmt bisweilen Nistkästen an, aber es ist nie um eine Unterkunft verlegen und wenig wählerisch. Eine Höhle in einem Baum oder einem Baumstumpf, eine Mulde unter einer Wurzel, die sichere Hut eines Efeus, der einen alten Baum umrankt, ein Reisighaufen und andere Stellen taugen gleich gut, um seine zwei Gelege von fünf bis sechs weißlichen, rotgefleckten Eiern zu schützen. Offensichtlich geht es gerne in der Nähe des Menschen auf Futtersuche. An meinem Fenster pickte es in Zeiten des Überflusses den geriebenen Schweizerkäse, die Haferflocken und die Kuchenkrümel heraus; ist derlei nicht vorhanden, nimmt es auch in Wein getränktes Brot. Aber man kann mit ihm noch viel mehr erreichen.
Lord Grey of Falladon, ein ehemaliger englischer Außenminister, machte sich die unleugbare Anziehungskraft, die der Mensch für das Rotkehlchen besitzt, zunutze. In seinem Buch THE CHARM OF BIRDS lehrt er uns, wie man diese angeborene Neigung in eine vertraute und innige Freundschaft verwandeln kann. An einem Tag, wenn Schnee liegt, so rät er, mache man ein Rotkehlchen ausfindig, und hat man es entdeckt, werfe man ihm einige Regenwürmer

hin. Das muß man an den folgenden Tagen wiederholen, bis sich der Vogel daran gewöhnt hat. Dann stelle man die Würmer in einer Dose ganz nahe neben sich auf den Boden. Im dritten Versuchsabschnitt knie man sich auf die Erde und lege die Hand unter die Dose auf den Schnee, »was recht unangenehm ist, weil man sehr friert«, wie Lord Grey gesteht. Ein wenig später, in der vierten Etappe, richte man sich wieder auf, stelle die Dose unmittelbar auf die Handfläche, und der Vogel wird sich, beruhigt und bereits gezähmt, dort das Futter suchen, das seinen Körper kräftigt und die Freundschaft mit dem Menschen festigt. Wenn es kalt ist und der Vogel Hunger hat, dauert es, nach Lord Grey, zwei oder drei Tage, bis man Erfolg hat; günstig ist auch, wenn man sich dem Rotkehlchen ankündigt, indem man ein paar Töne pfeift oder einige Male kurz an die Dose klopft. Wie uns Lord Grey noch berichtet, frißt das Männchen die Beute auf der Hand, die sie ihm darreicht, während das Weibchen sie immer weit fortträgt. Das ist eine hübsche Methode, das Paar auseinanderzukennen. Zwar besitzt das Weibchen einen kleineren Körper und ist weniger lebhaft gefärbt, aber diese Merkmale sind für das Auge nur schwer zu unterscheiden.

Aus »Bunte Gäste. Alle Vögel meines Lebens.«
Wiesbaden 1965

WERNER BERGENGRUEN

Auf einen Vogel

O winziges Geschick! O Feder, die ich fand
Salzweiß, doch blutbefleckt, im Parkweg auf dem Sand!
Bleib, Wandrer, stehen. Nein, – geh weiter, doch gemach,
Denk nur sekundenlang dem kleinen Vogel nach.
O federleichter Tod! O furchtbares Gewicht,
Die Schale dieser Welt belastend zum Gericht.
Ein Großes ist nicht groß, ein Kleines ist nicht klein,
Es kann kein Erdenmaß vor Gottes Antlitz sein.
Ich hob die Feder auf, ihr Schaft war schlank gespitzt,
Ich hab den Totenspruch mit ihm in Sand geritzt.
In Sand, der vogelschnell von jedem Tritt zergeht,
Den jeder Atemzug des stillsten Tags verweht.
Gefiele Gott dem Herrn ein Ewiges auf Erden,
So ließ er diesen Sand gewiß zu Marmor werden.
Er aber will, es sei von ihm und uns ein Nu:
Sand, Schrift und Marmorstein, der Vogel, ich und du.

Holzschnitt von Christian Rohlfs ⊳

BOGOMIL FATUR

Gebet für die Vögel

Zu Anbeginn
waren die Vögel

auf Feldern
auf jungen Wiesen
in flimmernder Luft
unter flammendem Himmel
glitzerte
ihr Gefieder

Explosion von Klängen
das Lerchenlied

die Schwalben
ein Fest unter unseren Dächern

Danach
kam die Stadt heran
und zertrat die Felder
mit Schwefelgiften

Mit zaudernden Fittichen
stoben die Vögel auseinander

O Grauen des Gemetzels o Elend der Zivilisation
Grab der Perlenkehlen
gespenstisches Todesbild

Du Gott und Herr im Himmel
der Du sie erschaffen und ihnen geboten
über der Erde unter dem Himmelsgewölbe zu fliegen
bewirke es
erhöre uns
auf daß zurückkehren die Vögel

Aus dem Slowenischen von Otto F. Babler

Das Fest des Adlers

Von einem seltsamen indianischen Brauch in Mexiko

Bei den Indianern der Gebirgsdörfer Mexikos existiert von altersher ein ungewöhnlicher Brauch – ein Lufttanz auf einer sich drehenden Stange. An der Ausübung dieses Brauches, der von Generation zu Generation überliefert wurde, beteiligen sich die stärksten und geschicktesten Männer, die wie Vögel gekleidet sind. Mit Leichtigkeit steigen die Akrobaten unter den Tönen der Schalmeien und Trommeln den 15 m hohen Mast empor, der auf dem Marktplatz errichtet wird. Nachdem sie ihre Beine durch Seilschlingen gesteckt haben, die an einem sich drehenden Block in der Mastspitze befestigt sind, werfen sich die »Adler« mit einem kühnen Schrei nach unten.

Einige Minuten lang drehen sie sich im Kreise herum, wobei jeder versucht, möglichst große Kreise zu beschreiben. Die Seile dehnen sich unter dem Gewicht der »Adler« auseinander. Indem sie sich so nach und nach der Erde nähern, stoßen die Teilnehmer dieses Spieles laute Rufe aus, die dem Adlerruf ähnlich sind. Unten beobachten die Zuschauer voller Bewegung dieses Spiel, das einem der »Adler« durchaus auch das Leben kosten kann.

Der Ursprung dieses Brauches, der seine heutigen Darsteller und Zuschauer wie eine Zirkusvorstellung anmutet, geht auf den alten Kult der Sonnenverehrung zurück, der in vergangenen Zeiten unter den Indianern Mexikos weit verbreitet war. Der hohe Mast – die »Sonnensäule« – soll das Himmelslicht symbolisieren, die »Vögel« aber verkörpern die Abgesandten der Sonne, die den Menschen sowohl Wärme wie auch Sonnenlicht bringen.

Jahrhunderte vergingen, aber die alte Tradition wird auch heute noch fortgesetzt.

Aus »Iswestija-Nedelja« 3/65

Amateur-Ornithologen in Amerika

Alljährlich zwischen Weihnachten und Neujahr nimmt in Amerika der Christmas Bird Count seine Tätigkeit auf. Die »Bird-watchers« oder »Birders« schwärmen ungeachtet aller Wetter-Unbilden aus, um die Vögel des Kontinents zu zählen und nach Arten einzuordnen. Im Jahre 1900 wurde zum ersten Mal eine derartige Aktion gestartet als Rebellion gegen das weihnachtliche Vogelschießen.
Die anfangs geringe Zahl der »Birders« wuchs im Laufe der Jahre auf 20000 Mitglieder an. Anwälte, Architekten, Hausfrauen, Bürovolk und Studenten haben schon die Anzahl der Jäger überrundet. Die Feldstecherbrigaden üben ihre Tätigkeit in der Winterkälte des hohen Nordens ebenso aus wie am Golf von Mexiko. Sie erhalten ihre Reviere zugewiesen und ehrgeizig versucht jeder einzelne, die interessantesten Funde seiner »Audubon-Society« mitzuteilen. Die Gesellschaft trägt ihren Namen nach dem französischen Maler Audubon, der 1806 nach Amerika ging, um dort in unvergleichlichen Aquarellen die Vögel der Neuen Welt zu portraitieren. 1908 wurde die erste Vogelzählung auf dem Gelände des Weißen Hauses von Präsident Roosevelt selber vorgenommen. Er war ein kenntnisreicher Amateur-Ornithologe. Ihm haben viele »Amateure« nachgeeifert.
Die Resultate dieser Beobachtungen haben keinen streng wissenschaftlichen Wert, denn die Birders sind keine Fach-Ornithologen. Sie registrieren den Vogelbestand des Landes, nehmen regionale Veränderungen wahr, können Warnungen anbringen, wo eine Vogelart in ihrem Lebensraum bedroht ist, und sind durch ihr aufmerksames Registrieren eine Hilfe für die Fachwissenschaft. Als aufregendster Vogel des Jahres 1972 wurde ein Kiebitz auf Long Island gesichtet!

Leider wird kein Rotkehlchen den eifrigen Bird Counters ins Fernrohr gehen, denn Robin Redbreast wohnt nicht in der Neuen Welt, während viele Arten von Zaunkönigen dort zu finden sind. Die Vögel, die dort den Namen Redbreast führen, sind Wanderdrosseln, viel größer als Rotkehlchen, aber auch mit einer roten Kehle geschmückt.

EMMA KRELL-WERTH

Rotkehlchen

Hoch im Wipfel hält es sich versteckt,
Und ich lausche ihm durch schwanken Windfang...
Kaum als Wonnequell in Dur entdeckt,
Stimmt sein Luftrefugium sich auf Mollklang;
Und ich neige mich zu Moos und Stein,
Neige gen Gründonnerstag mich nieder...
Leuchtespur im Äther stuft uns wieder
In die Bruderschaft des Urgrunds ein.

ERNST SCHAEFER

Der große Glöckner

Um fünf Uhr morgens bin ich aufgebrochen, habe mondene Nebel durchfahren und sehe aus Nacht und Tau das blauende Gebirge aufsteigen. Ganz prosaisch sitze ich am Rande der Straße und suche die Schatten der aufdämmernden Schlucht zu durchdringen ... Taufrisch erstehen Farben ... und aus dem verfilzten Lianengeflecht des Straßenrandes intonieren einige Vögel. Über allem aber liegt Stille und Glanz.

Da plötzlich dröhnt es wie ein Amboß-schlag über den hohen Wipfeln dahin, und die dämmertiefe Schlucht zu meinen Füßen scheint mitzuschwingen vom Nachhall des erzharten Schreies.

Zwei bis drei Sekunden noch tönt das »Kuang« in meinen Ohren nach; dann leiser, zarter folgt ein zauberhaftes Glockenspiel: kling-klong, kling-klong, kling-klong.

Nach wenigen Minuten beginnt der Glöckner aufs neue, und binnen einer halben Stunde vermag ich über Rausch und Schwall der wilden Wasser deutlich vier Glockenvögel zu unterscheiden.

Moritz, ein deutscher Forscher, verglich den Gesang des Campanero mit dem Geläut der Sonntagsglocken eines versunkenen Dorfes.

Doch während ich noch in die nebeldampfende Schlucht hinauslausche, ertönt hinter mir eine Autohupe – – Radiomusik!

Zehntausende von Autos jagen über die Straßen des Nationalparks –. Niemand in den Wagen hört oder sieht etwas von dem Vogel...

Aus dem Journal für Ornithologie, 1951

In grauer Fremde halt' ich heilig
Der Heimat altvertrauten Brauch:
Das Vöglein, das mein Gast zeitweilig,
Entlass' ich in den Frühlingshauch!
Ich blick' ihm nach, von Gram genesen,
Wie dürfte ich verbannter Mann
Noch murren, da ich einem Wesen
Die Freiheit wiedergeben kann?

PUSCHKIN

LOREN EISELEY

Falkenpaar

Wir waren durch die Nebelschleier einer Frühlingsnacht in das abgelegene Hochtal gekommen. Es sah aus, als wäre es noch nie von eines Menschen Fuß betreten worden; aber Kundschafter unseres Museums hatten von der verlassenen Hütte weit oben an einem der Hänge erzählt. Ich war ein junger Zoologe damals und hatte den Auftrag, einige interessante Vögel für das Institut fangen zu helfen.

Wie ein erfahrener Einbrecher hatte ich mich über alles Nötige informiert. Die Hütte war seit Jahren unbewohnt; das Dach hatte Löcher, Vögel waren eingedrungen und schliefen in den Sparren. Leise zwängte ich die Tür auf, in der Hand die Taschenlampe, um im rechten Augenblick die Vögel zu blenden, damit sie nicht durch das Dach den Weg ins Freie fänden. Ich hatte eine kurze Leiter bei mir, denn an der Wand gegenüber der Tür befand sich, wie ich wußte, ein Regal, auf dem ich den reichsten Fang zu machen hoffte. Ein, zwei Vögel regten sich – ich konnte sie hören; aber nichts flog auf. Schwaches Sternenlicht drang durch das zerlöcherte Dach. Ich tappte leise die Leiter hinauf und tat die Taschenlampe auf den Rand des Regals. Sie sollte dort stehen, wenn ich sie einschaltete, damit ich beide Hände frei hatte.

Alles klappte ausgezeichnet, bis auf eines – ich wußte nicht, was für Vögel da waren. Als ich die Lampe einschaltete, gab es zwar ein großes Flügelschlagen und Federstieben, aber statt daß ich die Vögel hatte, hatten sie, oder richtiger, hatte einer mich. Für einen kleinen Raubvogel, wenig größer als meine Faust, hielt er sich bewundernswert. Als das Licht anging und meine Hand den Vogel neben ihm packen wollte, stieß er einen kurzen, metallischen Schrei aus, dann bohrte sich sein Schnabel in meinen Daumen, und seine Fänge arbeiteten wild drauflos. Bei dem Kampf stieß ich die Lampe um – seine Gefährtin konnte wieder sehen und fuhr pfeilgerade durch das Loch im Dach und hinauf zwischen die Sterne. Das alles geschah in fünfzehn Sekunden.

Das Tier, das ich in meiner zerfetzten Hand hielt, war ein schöner junger Sperlingsfalke, ein Männchen in der Vollkraft seines Lebens. Ich bedauerte, daß ich nicht beide hatte fangen können, aber der kleine Bursche hatte durch das Ablenkungsmanöver sein Weibchen gerettet. Nun lag er unrettbar in meiner Hand; er schrie nicht, sondern starrte mich halb grimmig, halb gleichgültig an.

Ich setzte den Falken in eine Kiste, die so eng war, daß er sich durch heftige Bewegungen nicht verletzen konnte. Am Morgen sollte er mit dem Lastwagen zur Stadt fahren und dort in einem Käfig den Rest seines Daseins verbringen. »Geschieht dir recht«, dachte ich und verband mir den schmerzenden Daumen. – Am Morgen war, schlagartig wie oft in den Bergen, der Nebel im Tal wie weggeblasen. Der Himmel war tiefblau; man konnte kilometerweit über das scharfkantig zutage tretende Gestein sehen. Ich stand früh auf und trug die Kiste mit dem Sperber hinaus aufs Gras, wo ich einen Transportkäfig baute. Ein Wind, kühl wie ein Gebirgsquell, strich über die Halme und fuhr mir durchs Haar. Es war ein schöner Tag und eine Lust zu leben. Ich sah zu dem Loch im Hüttendach, durch das das Falkenweibchen sich geflüchtet hatte. Von ihr war nirgends etwas zu sehen.

Ich öffnete die Kiste und nahm den Falken heraus, achtete aber darauf, daß seine Flügel richtig zusammengelegt waren und ich ihn nicht erschreckte. Er lag schlaff in meiner geschlossenen Hand; unter dem Gefieder konnte ich sein Herz pochen fühlen, doch er schaute nur über mich hinweg und empor.

Ich sah diesen letzten Blick, an mir vorüber in einen

Himmel, der so voller Licht war, daß ich den Falkenaugen nicht folgen konnte. Die schwache Brise wehte sanft von neuem über mich hin, eine Zitterpappel in der Nähe bebte mit all ihren Blättchen. Ich ahnte in diesem Augenblick wohl schon, was ich vorhatte, ließ es mir aber nicht zum Bewußtsein kommen. Ich streckte einfach die Hand aus und legte den Falken ins Gras.

Eine lange Minute lag er dort, ohne Hoffnung, ohne Regung, die Augen noch immer auf das blaue Himmelsgewölbe über sich geheftet. Er stellte sich nicht auf die Füße – er lag nur da, die Brust im Gras, während mein Blick auf ihm ruhte.

In der nächsten Sekunde war er weg. Wie ein Blitz war er entschwunden vor meinen sehenden Augen, ohne die geringste warnende Bewegung. Weg war er – geradewegs in die unendlich hohe Leere aus Licht, die meinen Augen fast unerträglich war. Eine Weile blieb alles still. Dann erscholl von hoch oben ein Schrei.

Dieser Schrei griff mir ans Herz. Es war nicht der Ruf des Männchens, das ich gefangen hatte. Denn ich konnte, als ich meine Stellung gegen die Sonne geändert hatte, jetzt weiter hinaufsehen. Scheinbar mitten aus der Sonne, dorther, wo sie unzählige Stunden rastlos geschwebt haben mußte, kam seine Gefährtin herabgeschossen. Und aus der Höhe, widerhallend von Gipfel zu Gipfel, drang ein Schrei so unaussprechlicher, ekstatischer Freude, daß er durch all die Jahre mir heut noch in den Ohren klingt und forttönt...

Ich sah sie jetzt beide. Sie trafen sich in einem weiten, sausenden Kreis, der sich unter heftigem Flügelschlagen zu einem stürmischen Wirbel verengte. Einmal noch – nur einmal – erklangen ihre beiden Stimmen rauh und wild in Frage und Antwort und weckten das Echo an den Zinnen des Tales. Dann waren sie weg, auf immer, irgendwohin in jene höheren Regionen, die das Auge des Menschen nicht erreicht.

Aus »Die ungeheure Reise«, München 1959

Gebet für die Tiere

O Herr, unser Gott, der du uns Menschen zu Gehilfen auch die Tiere geschaffen und ihnen eine lebendige Seele, die Schmerz und Freude empfindet, gegeben hast – wir gedenken vor dir dieser deiner bescheidenen Geschöpfe, die mit uns die Bürde und Hitze des Tages tragen und ihr Leben dem Wohl der Menschen opfern müssen.

In Rußland vom Priester gesprochen, wenn die Bauern im Frühjahr das Vieh auf die Weide trieben.

PABLO CASALS

El Cant dels Ocells

Unter den vielen Wundern der Natur nehmen für mich die Tiere – große und kleine – in ihrer erstaunlichen Vielfalt und mit ihren schönen Formen und faszinierenden Verhaltensweisen eine Sonderstellung ein. Ihr Seelenleben fesselt mich. Ich sehe, wie es sie drängt, sich mitzuteilen, und glaube, daß sie echter Liebe fähig sind... Die Tiere auf unserm Hof – Gänse, Enten, Kühe, Esel, Tauben – waren eine stete Quelle der Freude für mich. Alle reagierten sie verschieden und waren richtige Persönlichkeiten... Auch Kanarienvögel hatte ich, acht im ganzen in gesonderten Käfigen, die längs der Diele vor dem kleinen Musikzimmer aufgehängt waren. Dort stand das Klavier, das meinem Vater gehört hatte. Jeden Morgen, wenn ich aufstand und den Tag damit begann, auf meines Vaters Klavier Bach zu spielen, begrüßten sie mich mit ihrem Gesang. Sobald sie meine Tritte auf der Treppe hörten, begannen sie schlagartig damit und sangen fort, solange ich spielte. Manchmal schien es mir, ich sei ihr Klavierbegleiter...

Mehr als siebzig Jahre danach machte ich es mir zur Gewohnheit, alle meine Konzerte und Musikfestspiele mit einem alten katalanischen Volkslied zu beschließen, das in Wirklichkeit ein *Weihnachtslied* ist. Es heißt: »Der Gesang der Vögel«...

Welche Verbundenheit mit der Natur hat das katalanische Weihnachtslied! Da bringen sogar die Adler und die Sperlinge, die Nachtigallen und die kleinen Zaunkönige dem Kind einen Willkommensgruß dar und besingen es als Blume, die jedermann auf Erden mit ihrem süßen Duft entzücken wird. Und Drosseln und Hänflinge verkünden, daß der Frühling gekommen ist.

Aus »Licht und Schatten auf einem langen Weg«, Frankfurt/M 1974

Der Eindruck ist unvergeßlich, wie der damals 84jährige Cellist zum Abschluß des Musikfestes vor dem riesigen Barockaltar der Pfarrkirche von St. Pierre saß und eine von ihm für Cello und Streicher-Begleitung bearbeitete katalanische Volksweise spielte, »El Cant dels Ocells« (Der Gesang der Vögel), und wie sein Celloton sich aus den wie Vogelstimmen schwirrenden übrigen Streicherstimmen löste und aufstieg.

Hildegard Weber in der Frankfurter Allgemeinen Zeitung, 24. 10. 1973

Vincent van Gogh: Kornfeld mit schwarzen Vögeln (1890). Dieses Bild malte van Gogh wenige Tage vor seinem Tod

Aus Briefen von Rosa Luxemburg

Vorigen April rief ich Euch einmal beide, wenn Sie sich erinnern, telephonisch dringend um 10 Uhr früh in den Botanischen, um mit mir die Nachtigall zu hören, die ein ganzes Konzert gab. Wir saßen dann still versteckt im dichten Gebüsch auf Steinen an einem kleinen sikkernden Wasser; nach der Nachtigall hörten wir aber plötzlich so einen eintönigen klagenden Ruf, der etwa so lautete: »Gliglıgligligliglick!« Ich sagte, das klinge wie irgendein Sumpf- oder Wasservogel, und Karl stimmte dem bei, aber wir konnten absolut nicht herausfinden, wer's war. Denken Sie, denselben Klageruf hörte ich plötzlich hier in der Nähe vor einigen Tagen in der Frühe, so daß mir das Herz vor Ungeduld pochte, endlich zu erfahren, wer das sei. Ich hatte keine Ruhe, bis ich's heute herausfand: es ist kein Wasservogel, sondern der *Wendehals*, eine graue Spechtart. Er ist nur ein wenig größer als der Sperling und hat seinen Namen daher, weil er in Gefahr die Feinde durch komische Gebärden und Kopfverrenkungen zu schrekken sucht. Er lebt nur von Ameisen, die er an seiner klebrigen Zunge ansammelt, wie der Ameisenbär. Die Spanier nennen ihn deshalb Hormiguero – der Ameisenvogel. Mörike hat übrigens auf diesen Vogel ein sehr hübsches Scherzgedicht gemacht, das Hugo Wolf auch vertont hat. Mir ist, als hätte ich ein Geschenk gekriegt, seit ich weiß, wer der Vogel mit der klagenden Stimme ist. Vielleicht schreiben Sie es auch Karl, es würde ihn freuen...

Sonitschka, es sind so zauberhafte Abende jetzt, wie im Frühling. Ich gehe um vier Uhr herunter in den Hof, es dämmert schon, dann sehe ich die scheußliche Umgebung in geheimnisvolle Schleier der Dunkelheit gehüllt, dafür leuchtet in heller Bläue der Himmel, und ein silberner, klarer Mond schwimmt darauf. Um diese Stunde ziehen jeden Tag quer über den Hof hoch oben hunderte von Krähen im lockeren, weiten Band nach den Feldern hinaus zu ihrem »Schlafbaum«, wo sie zur Nacht rasten. Sie ziehen mit gemächlichem Flügelschlag und tauschen merkwürdige Rufe aus – ganz anders als das scharfe »Krah«, mit dem sie bei Tag raubgierig nach Beute jagen. Jetzt klingt das gedämpft und weich, ein tiefer Kehllaut, der auf mich wirkt wie eine kleine Metallkugel. Und wenn mehrere abwechselnd dieses »Kau-Kau« gurgelnd ausstoßen, ist mir, als ob sie spielend einander Metallkügelchen zuwerfen, die in der Luft im Bogen schweben. Es ist ein richtiges Geplauder von dem Erleben »vom Tage, vom heute gewesenen Tage«...

Sie kommen mir so ernst und wichtig vor, wie sie so jeden Abend ihrer Sitte und vorgezeichneten Bahn folgen, ich empfinde wie Ehrfurcht für diese großen Vögel, denen ich mit gehobenem Kopf nachschaue, bis zum letzten...

Oder wissen Sie? Ich habe manchmal das Gefühl, ich bin kein richtiger Mensch, sondern auch irgend ein Vogel oder anderes Tier in Menschengestalt; innerlich fühle ich mich so in einem Stückchen Garten wie hier oder Feld unter Hummeln und Gras viel mehr in meiner Heimat als – auf einem Parteitag. Ihnen kann ich ja wohl das alles sagen: Sie werden nicht gleich Verrat am Sozialismus wittern. Sie wissen, ich werde trotzdem hoffentlich auf dem Posten sterben: in einer Straßenschlacht oder im Zuchthaus. Aber mein innerstes Ich gehört mehr meinen Kohlmeisen als den »Genossen«...

Die Kraniche

Ich fuhr nach Minden, um an der Beerdigung meines ehemaligen Biologielehrers teilzunehmen. Der Lehrer war als Vogelkenner im Landkreis weit und breit bekannt. Als wir zur Grabstelle schritten, ging ein Ruck durch die Trauergemeinde, als sich plötzlich mit lautem *Geschrei ein Kranichzug dem Friedhof näherte.* Für uns unbegreifbar aber war dies: Die Vögel kreisten eine Weile in großer Höhe *ruhig über dem Friedhof,* dann löste sich die alte Formation auf. Nachdem sich die Kraniche langsam zu einer neuen Formation geordnet hatten, flogen sie nach Süden weiter.

Wolfgang Hoffmeister, Bethel

Die Tauben

Mein Onkel betrieb als Hobby eine Taubenzucht. Er versorgte seine Tiere stets mit sehr viel Liebe. Leider erlitt er, noch jung an Jahren, einen Herzinfarkt. Die Familie trauerte sehr um ihn. In der Aufregung hatte niemand an die Tauben gedacht. Als mein Onkel vom Trauerhaus aus zum Friedhof überführt werden sollte, bot sich uns im Totenzimmer unerwartet ein unvergeßlicher Anblick: Rings um das Totenbett saßen die Tauben, die durch ein offenes Fenster hereingekommen waren. Sie verharrten stumm und fast bewegungslos bei dem Toten, als hielten sie Totenwache.

Hildegard Hofmann, Würzburg

Brütet im Garten denn nicht der blaue Vogel aus
Schweden
Der bloß kommt, wenn um Lichtmeß selbst die Ostsee
befriert? –
Und dann kramst Du ihn aus, den sorgsam bewahrten
Schatz, den aus Urväter Zeit Du wie ein Heiltum hegst.
Aberglauben nennen sie ihn, die Jungen und Klugen,
Die an Flugzeug und Auto heften den Fetisch so gern.
Mühsam lernen sie wieder, was Möwe und Wildgans
sie lehren,
Ewiger Zeichen Sinn, die Dir immer vertraut.

AGNES MIEGEL. *Aus »Mutter Ostpreußen«*

JOHANN PETER ECKERMANN

Ein Traum

»Ich hatte, sagte ich, mir drei Hänflinge erzogen, woran ich mit ganzer Seele hing und die ich über alles liebte. Sie flogen frei in meiner Kammer umher und flogen mir entgegen und auf meine Hand, sowie ich in die Tür hereintrat. Ich hatte eines Mittags das Unglück, daß bei meinem Hereintreten in die Kammer einer dieser Vögel über mich hinweg und zum Hause hinausflog, ich wußte nicht wohin. Ich suchte ihn den ganzen Nachmittag auf allen Dächern und war untröstlich, als es Abend ward und ich von ihm keine Spur gefunden hatte. Mit betrübten herzlichen Gedanken an ihn schlief ich ein und hatte gegen Morgen folgenden Traum. Ich sah mich nämlich, wie ich an unsern Nachbarhäusern umher ging und meinen verlorenen Vogel suchte. Auf einmal höre ich den Ton seiner Stimme und sehe ihn, hinter dem Gärtchen unserer Hütte, auf dem Dache eines Nachbarhauses sitzen; ich sehe, wie ich ihn locke und wie er näher zu mir herabkommt, wie er futterbegierig die Flügel gegen mich bewegt, aber doch sich nicht entschließen kann, auf meine Hand herabzufliegen. Ich sehe darauf, wie ich schnell durch unser Gärtchen in meine Kammer laufe und die Tasse mit gequollenem Rübsamen herbeihole; ich sehe, wie ich ihm sein beliebtes Futter entgegenreiche, wie er herab auf meine Hand kommt und ich ihn voller Freude zu den beiden andern zurück in meine Kammer trage.

Mit diesem Traum wache ich auf. Und da es bereits vollkommen Tag war, so werfe ich mich schnell in meine Kleider und habe nichts Eiligeres zu tun, als durch unser Gärtchen zu laufen, nach dem Hause, wo ich den Vogel gesehen. Wie groß war aber mein Erstaunen, als der Vogel wirklich da war! Es geschah nun buchstäblich alles, wie ich es im Traum gesehen. Ich locke ihn, er kommt näher; aber er zögert, auf meine Hand zu fliegen. Ich laufe zurück und hole das Futter, und er fliegt auf meine Hand, und ich bringe ihn wieder zu den andern.«

»Dieses Ihr Knabenereignis«, sagte Goethe, »ist allerdings höchst merkwürdig. Aber dergleichen liegt sehr wohl in der Natur, wenn wir auch dazu noch nicht den rechten Schlüssel haben. *Wir wandeln alle in Geheimnissen. Wir sind von einer Atmosphäre umgeben, von der wir noch gar nicht wissen, was sich alles in ihr regt und wie es mit unserm Geiste in Verbindung steht*«.

Aus Eckermann, »Gespräche mit Goethe«,
II. Band, 7. Oktober 1827.

ADOLF PORTMANN

Geheimnis des Lebendigen

Wie gerne würde ich Ihnen am Wunderwerk einer einzigen Vogelfeder ausführlich demonstrieren, wie wenig wir von diesem geheimnisvollsten aller Hautgebilde des Tierreichs wirklich verstehen und wie unser Verstehen der technischen Seite des fliegenden Vogels auf einem Unterbau von völlig Unverstandenem als eine oberflächliche Deutung ruht. Wer glaubt, diese Gebilde verstanden zu haben, der gleicht dem Reiter über dem Bodensee – erst hinterher wird er ergriffen vom Schauder der Tatsachen, um die er nicht wußte!
Innerlichkeit des Welterlebens und Selbstdarstellung in der Gestalt: die zwei obersten Kennzeichen des Lebendigen sind uns als reiche Erfahrung gegeben, aber als eine gerade im wesentlichen dem Verstand nicht faßbare Ganzheit. Das muß uns vor Augen bleiben, wenn wir die Größe der lebendigen Wirklichkeit vergleichen wollen mit dem Ausschnitt, der sich dem rationalen Untersuchen erschließt...
Ich versuchte, Entfremdung von der Gestalt und Anziehung durch sie als Pole eines Spannungsfeldes zu zeigen. Gerade wer die Kräfte sehr hoch wertet, die an der Abwendung von der sinnenhaften Erscheinung des Lebendigen arbeiten, erlebt um so mächtiger die Notwendigkeit einer wirksamen Gegenwart des anderen Pols... Nur das radikale Werk einer neuen Betrachtungsweise kann diesen polaren Ausgleich leisten. Und in der Tat reift eine solche in aller Stille heran.

Aus »Vom Lebendigen«, 2. Kap.
»Die Gestalt, das Geheimnis des Lebendigen.«
Frankfurt 1973

Pelikane

Fotonachweis

Alinari, Florenz: 28. Toni Angermayer, Holzkirchen: 51, 60. Arthur Christiansen, Rödovre (Dänemark): 6, 13, 17, 86, 87, 109, 119. Bildarchiv Foto Marburg: 24, 59, 63, 66, 90, 92. Hirmer Fotoarchiv, München: 41, 47, 96. Philosophisch-Anthroposophischer Verlag, Dornach: 93. Rheinisches Bildarchiv Köln: 94. Heinz Schrempp, Oberrimsingen: 68, 82. Walter Wissenbach, Herborn/Dill: 14, 25, 84, 113, 141.

Einband: Walter Krafft, unter Verwendung eines Fotos von Christel Heuberger
Reproduktionen: Klischee-Herzog, Stuttgart-Stammheim
Satz und Druck: Offizin Chr. Scheufele, Stuttgart
Bindearbeit: Ernst Riethmüller, Stuttgart

Duette mit ihm

Über die Freundschaft mit einem Rotkehlchen berichtet Alexandra Röhl.
8. Auflage 1977. 63 Seiten mit Zeichnungen und Fotos, kartoniert.

»Ihre scharfe Beobachtungsgabe und ihr feines, liebevolles Verständnis für das Wesen des kleinen Geschöpfes vermitteln ihr eine Unmenge beglückender Erlebnisse mit diesen frei lebenden Vöglein.«
Der Tierschützer

»Was sich aber zwischen erster Begegnung und dem schmerzlichen Loslassen (das jede Liebe einmal fordert) abspielt, ist voll Humor und holden Zaubers. Das anmutigste Talent eines Vogels, der Gesang, entfaltet sich nach und nach zu einem echten Duett mit der Autorin.« *Badische Neueste Nachrichten*

»Man legt das kleine und liebevoll mit Skizzen und Photos der Verfasserin ausgestattete Büchlein nicht aus der Hand, bevor man es ganz ausgelesen hat.«
Rhein-Neckar-Zeitung

Bruder Tier

Mensch und Tier in Mythos und Evolution.
Von Karl König
2. Aufl., 256 Seiten mit mehreren Abbildungen, Pappband.

»Stets wird das Tier im franziskanischen Sinne als Begleiter des Menschen gesehen. Deshalb darf man diese Betrachtung mit Recht als Beiträge für eine zukünftige Zoologie werten, in der jedem Tier wiederum die ihm eigene Würde zuerkannt wird.« *Die Kommenden*

»Es spricht gerade für den originalen Geist des Königschen Forschens, daß er die Daseinsschichten differenzieren kann und etwa von Hunden, Katzen und Sperlingen schreiben kann, ohne ins Triviale zu geraten.«
Mensch und Welt

»Ein echtes Geschenk für jeden, der für Tiere verantwortlich ist oder sich mit ihnen verbunden fühlt oder in ein menschliches Verantwortungsempfinden hineinwachsen soll.« *Lebendige Erde*

Sonnensavannen und Nebelwälder

Pflanzen, Tiere und Menschen in Ostafrika
Von Andreas Suchantke
280 Seiten mit 150 Zeichnungen des Autors, Leinen.

»Ein sehr bemerkenswertes Buch ... Der Autor führt den Leser bei seinen Fahrten und Wanderungen durch Tansania in die verschiedenen Landschaftsformen; die üppigen, feuchten Bergwälder des Meru mit seinem versteckten Tierleben, die offenen, trockenen Gebiete der Baum- und Dornbuschsavannen des Mbudulandes, die Kraterbecken des Ngorongoro- und Ngurdoto mit ihren in sich abgeschlossenen Tiergemeinschaften, die Salzseen mit der Fülle der Vogelwelt.«
Naturwissenschaftliche Rundschau

»Man muß schon manches wieder und wieder in seinen Gedanken nachvollziehen und nacherleben, um bei der Vielfalt und Fülle der Schilderungen von Pflanze, Tier und Mensch das Zusammenwirken aller Kräfte zu einer Einheit in der Natur zu begreifen.«
Afrika-Post

»Lebendige Bilder eines vortrefflichen Reiseberichts verbinden sich mit naturwissenschaftlicher Darstellung: beides ist der Darstellung nützlich, die viele Zeichnungen anschaulich machen.«
Westdeutsche Allgemeine

VERLAG FREIES GEISTESLEBEN

Mensch und Landschaft Afrikas

Zur Ökogeographie, Biologie und Völkerkunde
Von Jochen Bockemühl, Andreas Suchantke und Wolfgang Schad.
Ca. 220 Seiten, mit zahlreichen, z.T. farbigen Abbildungen, Leinen

Die drei Autoren berichten in diesem Buch über die Erlebnisse und Erkenntnisse ihrer gemeinsamen Reise in Gebiete Ostafrikas. Die vielseitigen Begegnungen mit der afrikanischen Landschaft und ihren Menschen öffnen einen neuen Blick für die natürlichen, gewachsenen Lebenszusammenhänge, die Mensch und Natur verbinden.

A. Suchantke beschreibt das Wesen der Landschaft als Lebensraum allgemein, dann im besonderen die afrikanische Landschaft in ihrer ökologischen Gliederung nach Regenwald, Savanne und Wüste. Sehr mannigfaltig, unterstützt von zahlreichen Tafeln und Abbildungen, schildert er das pflanzliche und tierische Leben in diesen Landschaften. J. Bockemühl wertet die unmittelbaren Erfahrungen methodisch aus, indem er zeigt, daß die Betrachtung der Natur vielgliedrig ist und je nach Art auch die verschiedenen Schichten der gestaltbildenden Kräfte aufdeckt. W. Schad läßt die Entdekkungsreise, die dieses Buch anbietet, in den Begegnungen mit den Einheimischen kulminieren. Ein tiefes Berührtsein mit den Stämmen spricht durch die Schilderung. Der afrikanische Mensch offenbart gerade im Einklang mit der tragenden Natur sein geistiges Wesen mit Eigenschaften, die wir Europäer kaum noch kennen.

Dieses reich illustrierte Buch, lebendig und farbig geschrieben, vermittelt einen erlebnistiefen und erkenntnisreichen Eindruck von der afrikanischen Welt, einen Spiegel der besonderen Landschaft Ostafrikas.

Feuer-Erde

Von Australiens Vögeln, Blumenheiden und Feuerwäldern. Eine Naturkunde Australiens.
Von Thomas Göbel
Mit 50 farbigen Abbildungen und 85 zum Teil ganzseitigen Zeichnungen, 282 Seiten, Leinen.

»Der Leser wird durch eine sehr anschauliche und lebendige Schilderung der Reiseerlebnisse und Beobachtungen in Landschaftsräume geführt, wie sie in dieser Ausprägung nur in Australien zu finden sind. Naturgemäß liegt das Schwergewicht der Beobachtungen auf der Pflanzenwelt, aber auch der Tierwelt, besonders den Vögeln gehört die Zuneigung des Autors. Das Buch enthält viele herrliche Farbaufnahmen und eindrucksvolle Zeichnungen; daneben erweisen sich ausführliche Literaturangaben und ein genaues Stichwortverzeichnis als sehr nützlich.« *Natur* + Mensch

Säugetiere und Mensch

Zur Gestaltbiologie vom Gesichtspunkt der Dreigliederung.
Von Wolfgang Schad
296 Seiten mit 95 Zeichnungen, 44 Schwarzweiß- und 4 Farbfototafeln, Pappband.

»Beim Lesen der Beschreibungen vermeint man im ganzen den Hauch echten idealistischen Geistes zu spüren. Fast alle europäischen und bekannteren außereuropäischen Säugetierarten sind mit vielen Einzelheiten der Morphologie, Physiologie, Verhaltenslehre und Entwicklungsgeschichte in origineller Weise behandelt. Die zahlreichen Abbildungen im Text und die ganzseitigen Fotos im Anhang erhöhen sehr die Anschaulichkeit der lebendig geschilderten Zusammenhänge.« *Elemente der Naturwissenschaft*

VERLAG FREIES GEISTESLEBEN